世界に通用する子どもの育て方

ニューヨークライフバランス研究所 代表
松村亜里
（医学博士・臨床心理士）

WAVE出版

はじめに

突然ですが、皆さんは子育てに満足していますか？

今の子どもへの関わり方が、子どもの将来によいという自信がありますか？

悪い影響を与えるのではないかと、心配していませんか？

言いたくないのにきつい言葉をかけたり、時に手が出たりして、夜、子どもの寝顔をじっと見ながら、涙を浮かべて後悔したことはありませんか？

そして、こうありたいという親でいられていますか？

これ――10年前の私に言っています。心理学を大学院まで学び、それを仕事とし、知識はたくさんあるのに、どうしてもそれを子どもとの関係に使えず、毎日思い悩んでいました。そんな私が、**やっと自分のなりたい親の姿に近づけるようになったのは、「ポジティブ心理学」を学んでから**です。

＊

私は、ニューヨークで臨床心理学を学んでから10年以上、アメリカと日本の大学でカウンセリングをしながら心理学を教えていました。病気の予防と治療に携わり、ポジティブ心理学を学んでからは、**「より幸せに生きる方法」**について教えています。

夫の仕事の都合で再びニューヨークに移ったときは、２人の子どもを連れていたので、キャリアを断念し、とても辛い時期でした。

でも好きなことを少しでもできたらと思い、友達10人に集まってもらって近所の幼稚園の屋根裏部屋で開いた「子育て心理学」の教室が口コミであっという間に広がり、ニューヨーク郊外からマンハッタン、ブルックリン、クイーンズ、そして日本、オンラインと、その後のポジティブ心理学の講座を含めると、５年で３０００人以上の方に、この考えに触れていただくことができました。

そこで、**心を痛めて日々を過ごしている方がポジティブ心理学を知ると、急速に快方に向かうことに驚きました。**私のもとには、毎日のように嬉しいメッセージが届きます。

「友達にどうしても手が出てしまっていた息子が、自慢の息子になりました！」

「水に顔をつけられなかった子が、あっという間に泳げるようになりました！」

「どんな習い事も続かなかった子が、初めて夢中になれるものを見つけました！」

「学校から帰ると部屋に閉じこもっていた思春期の息子が、リビングに長居して弟の世話をするようになりました！」

「何を聞いても『別に……』で終わってしまう娘が、止まらないくらい話してくれるようになりました！」

「子どもにいつもガミガミしていた私が、叱らなくなりました！」

「初めて、『ママ大好き！』と子どもに言われました！」

「子どもとの関係を学んだのに夫婦関係が劇的に変わり、離婚せずにすみました！」

受講生には、出産前の親、孫を持つ方、お子さんをお持ちでない方々もいて、年齢とは関係なく、子どもやパートナー、友人、同僚との関係がよくなったという連絡をよくいただきます。

＊

「より幸せに生きるための科学」は誰にでも役立ちます。**ポジティブ心理学は、「幸せになるにはどうすればいいのか」を科学的に探求するもの**で、１９９８年に提唱されてから研究が進み、ビジネスや教育機関で応用されてきました。ただ、子育てに応用する研究は、欧米でも数年前に始まったばかりで、日本で著したものとしては、おそらく本書が初めてになります。

この研究がこれまでの子育て論と違う点は、大きくまとめると2つあります。

①「何をすると子どもがダメになるのか」ではなく、「どのような関わり方が子どもの幸せにつながるのか」という視点がある。

②個人の成功体験や哲学的な思想、根拠のない道徳的な理論ではなく、科学的に検証されている。

ポジティブ心理学は長い間、自己啓発の研究で扱われてきた分野に、科学的手法を用いたものです。

世の中には、子どもが有名大学に合格した母親の手記のように、成功体験を綴ったものがたくさんあります。でも、ある家庭でうまくいったことが、ほかの家庭でも成功するとは限りません。子どもの性格、親の性格、その組み合わせ、まわりの状況など、たくさんの要因があるからです。

それに比べて、多くの人たちを対象に科学的に検証されたことがあります。例えば1000人集めて、半分にあることをしてもらい、あと半分にはそれをしてもらわないという実験をすると、前者のほうが成功したり幸せになる確率が高かったというようなことです。

アメリカの心理学は、日本より10年は進んでいると言われています。情報が集中するニューヨークに住んで、ポジティブ心理学を実践している専門家のコミュニティにいると、最新の情報がひっきりなしに入ってきます。

その中には、長く信じられてきた常識を覆すものがたくさんあるので、日本の皆さんに少しでも早く伝えたい！　という気持ちでいっぱいになります。

科学的に検証された子育てスキルは、ただでさえ辛い子育てを確実に楽にします。そして、子どもも親自身も最短で幸せになる道です。この本には最新の「幸せになる研究」の中でも、子育てに生かせる内容をぎゅっと詰め込んでいます。


産業革命以降、単純な仕事を言われた通りにこなすことが社会に役立った時代には、親も教育も社会も、人の弱いところに注目し、そこを直すためにアメとムチで〝動物脳〟を刺激しました。そうしてコントロールされて育った子どもは、社会には通用しても、本人の幸せ感は薄くなりがちでした。

でも、これからの時代、単純な仕事はＡＩに取って代わられます。今まであった仕事がどんどんなくなります。自分で考えることをせずに言われたことをやるだけでは、世界に通用しなくなるのです。最新の数々のデータが、学歴や地位は幸せにしてくれないことを示しています。ですから、ポジティブ心理学をベースにした子育ては、このＡＩ時代にはとくに重要です。

＊

受講者の声をお借りすると、**この本で紹介していることを知ると、子育ての不安が減り、自信が持てるようになり、世界に通用する子どもが育つ環境づくりの方法が、裏付けとともにわかるようになります。**

誰もが、ある日突然親となるのですが、そのときは子育てのことなんて学んでいないわけです。加えてＡＩ時代ですから、子育ての方法は変わっています。本書には子育ての道具箱になるように、たくさんのツールが詰め込まれているので、必要なときに取り出して使ってください。

そこで、こんな方たちに向けて書きました。

- 情報がありすぎて、何を信じていいかわからない。
- 今やっていることに自信が持てない。
- 厳しい幼稚園や受験塾に入れたけど、子どもが幸せそうじゃない。

●優しいママでいたいのに、そうなれない。
●もっと子どもの可能性を引き出す関わり方がしたい。
●子どもに自主性がなくて困っている。
●子どもの問題行動に困っている。
●いい大学に入っていい会社に入るという時代ではなくなって、子どもの幸せとはなんなんだろうと考えてしまう。
●時代が変化していく中で、世界のどこにいても活躍できて、幸せでいられる子どもに育てたい。

そんな子どもの幸せを願うすべての人に、本書を贈ります。
では、さっそく始めましょう。一日も早く！

２０１９年３月吉日

松村 亜里

世界に通用する子どもの育て方　目次

第4章

自分自身との関係をよくする方法……103

～自己肯定感を高めようとしなくていい～

第6章

主体的に動く子どもに育てる……163
~しつけは強制しなくても身につく~

ブックデザイン　トヨハラフミオ（As制作室）
DTP　NOAH
編集　大石聡子
カバー画像提供　Syda Productions / PIXTA

第1章

世界に通用する子どもとは

～幸せになってほしい？　成功してほしい？～

子育ての目的と幸せのつくり方

子どもの幸せと成功、どちらを望む？

みなさんは、毎日何を考えながら子育てをしていますか？

小さいときから早期教育をして、いい学校へ通い、大きな会社に就職して、安定した収入を得てほしいでしょうか？　ピアノや水泳などで秀でた才能を磨き、世界の檜舞台で活躍してほしいでしょうか？　それとも社会的スキルを身につけ、人と仲良くでき、愛される子どもになってほしいでしょうか？

親としては、愛するわが子に、さまざまな期待があるでしょう。では、なぜそうなってほしいのでしょう。私が開いている講座で「子どもへの期待」と「そうなってほしい理由」を書いてもらうと、多くの方が**「そうなると子どもが幸せになると思うから」**に行きつきます。安定した収入を得る、世界で活躍する、人に愛されると、子どもが幸せになるから、それを強く願っているのです。

アリストテレスが**人生の最終目的は幸せ**といい、近年はブータンやフランスが、GDPの代わりに国民総幸福度指数を重視するようになりました。

幸せは、古くて新しいテーマです。


私が大学受験をひかえていたとき、ニューヨークに留学したいと母に話したら、猛反対されました。看護大学への推薦入学が決まっていたので、安定した将来を棒に振ると思ったのでしょう。「英語が学びたいなら英会話学校で勉強すればいい、海外に飛び出してうつになって戻ってきた子を知っている」と。

環境が厳しすぎるからと1年間反対され続けましたが、私が諦めずに朝晩アルバイトして留学資金を用意すると、母は送り出してくれました。


何十年たった今、母はこのときのことを覚えていなくて、初めから賛成していたと思い込んでいるようです。「留学して本当によかったねー」と、ときどき笑みを浮かべて言います。そのたびに、**親は子どもが幸せならそれでいいのだ**と感じます。

大学でこの話を学生によくしたものです。わが子に何かを期待したり反対したりする理由は、子どもの幸せを願っているからです。いくら成功しても幸せでないなら、いつまでも心配してしまいます。有名大学を出て大企業に就職し、結婚して子どもが生まれ、東京に家を建てても、会ったときに幸せそうでなければ気にかかるでしょう。

昨年の夏、10歳と11歳の子どもたちを、初めてフロリダの祖父の家に送り出しました。その5日間、自分はずっと心配して過ごすのかと思っていましたが、ドキドキしたのは飛行機が向こうに着くまでで、そのあとは結構落ち着いていました。

向こうで楽しんでいるという知らせを受けると、私も穏やかに暮らせました。でも、ちょっと病気をしたとか、寂しいと電話で聞くと、急に心配になってしまいます。

親としては、子どもが幸せになることが子育ての最終目的で、子どもにとっては幸せになることが唯一の責任、親孝行だと強く感じました。

幸せは比較や期待の上には成り立たない

さて、子育ての最終目的は子どもの幸せなのですが、子どもが幸せになる方法を私たち親はわかっているでしょうか？　私たちが日々「これを得ると幸せになるだろう」

と思って追い求めていることは、往々にして幸せにつながらないものです。この現象を「フォーカシング・イリュージョン」（幻想へのフォーカス）といいます。

幸せと聞いて最初に思い浮かぶのは、学歴、収入、社会的地位、美貌、若さあたりではないでしょうか？　残念ながら、これらは幸せとはあまり関係していないことがわかっています。

収入に関しては、不幸を予防はしますが、生活に必要なものを揃えられるようになると、そのあとは収入が増えても幸せが増すわけではありません。宝くじで高額を当てた人たちの調査でも、その幸せが続くのはせいぜい2週間から1カ月で、あとは元に戻ってしまうのです。

なぜかというと、これらは**人と比較することで生まれる幸せでしかなく**、経済学者のロバート・フランクが「地位財」と呼ぶものです。収入があっても、もっと高い人が現れると、とたんに不幸を感じてしまいます。そして、ここからくる幸せにはすぐ慣れてしまうので、長く続きません。

★人生における2つの財の違い

	特徴・例	脳内物質
地位財	人と比べることで幸せが得られるもの。 学歴、収入、地位、物など。 長く続かない幸せ。	ドーパミン
非地位財	そのこと自体が幸せを与えてくれるもの。 健康、愛情、自由、やりがいのある仕事など。 長く続く幸せ。	セロトニン オキシトシン

人には、厳しい状況を乗り越えて生存率を高めるために、状況の変化に適応するすばらしい能力が備わっています。この適応力というのは、状況がよくなるときにも表れます。大きな家に住むとそれが普通になり、もっと大きな家に住みたくなります。大型テレビを買っても、もっと大きいのが欲しくなるのです。

これには、何かを手に入れたときに出る脳内物質、ドーパミンが関係しています。ドーパミンは目的を追っているときは出るけれど、手に入れた瞬間に消えてしまいます。幸せになる期待を持つだけでは、いつまでたっても幸せになれないのです。

継続してドーパミンを出して快感を得る

ためには、さらによいものを欲しがらなくてはならなくて、そのために走り続けているだけでは、幸せはいつになっても手に入りません。レベルの高い大学に入り、大企業に勤めて、社会的地位を得ても、あるいは整形手術で美しさを手に入れても、幸せでない人たちが多いのは、このためです。

この「地位財」と次項で説明する「非地位財」の違いを、前ページにまとめました。

幸せとはいったい何なのだろう

幸せの研究が教えてくれること

では、幸せはどこから来るのでしょうか。それは、セロトニンやオキシトシンという脳内物質が出ることで得られます。これらは**他人と比較しなくても、そのものやそのこと自体が幸せを与えてくれる「非地位財」です。**

例えば、健康、愛情、自由、いい人間関係、やりがいのある仕事、どこかに帰属していることなどです。月1回の同好会の集まりやボランティア活動への参加は、収入が2倍になるのと同じくらい人を幸せにするという研究もあります。ある程度の収入に達すると、資産をそれ以上増やすことより、人とのつながりやコミュニティを持ったほうが幸せになれるのです。

このように、幸せになる科学的な方法を調べる心理学が「ポジティブ心理学」です。

★心理学の研究目的が変わってきた

目的の変化

分野	研究の目的	心の状態
ウェルビーイング	病気でないだけでなく、 心・体・社会的によい状態	−3→+3
ポジティブ心理学	より幸せに生きる 強みを伸ばし活かす	0→+3
公衆衛生学	病気にならないようにする レジリエンス	×0→−3
臨床心理学	病気を治す、弱さを治す	−3→0

1998年に、ペンシルベニア大学のマーティン・セリグマンが、「従来の心理学研究が悪いところを治すことばかりしてきたので、もっと幸せに生きることを研究しよう」と提唱したのです。セリグマンは、長い間うつ病の患者を治療していて、うつ病が治っても人は幸せにはならないことに気がついたのです。

人の気持ちを、心の病気を抱えていて不幸な状態をマイナス3、普通の状態を0、幸せな状態をプラス3としたとき、マイナス3から0に上げるための研究が「臨床心理学」、0からマイナス3に下がらないように予防するための研究が「公衆衛生学」、そして0からプラス3に上げるための研究が「ポジティブ心理学」です。マイナス3

から0は、「弱みを直す」、0から＋3は、「強みを伸ばす」といってもいいでしょう。**ポジティブ心理学は、自己啓発の分野が扱っていたテーマに科学的手法を取り入れました。つまり、個人の意見や経験ではなく、誰がやっても同じ結果になる可能性が高い**ということです。

幸せは自分でつくりだせるもの

スタンフォード大学のソニア・リュボミアスキーも、幸せに関する発表をしました。幸せは遺伝によるものなので、変えられないから研究しても仕方がないと思われていたのですが、遺伝ですべてが決まるわけではないということです。

一卵性の双子は遺伝子が100％同じですが、別々の環境で育つと幸福度が違うことがわかりました。また、生まれ育った家や収入など、生活環境で幸せが左右されると思われがちですが、意志による活動は環境の影響より4倍も大きいのです。

自分の幸福度と隣の人の幸福度が違ったとき、遺伝の影響はその違いの50～40％、環境の影響はたったの10％、そして残りの40～50％はその人の意志による活動に影響されているのです。つまり**「幸せは自分でつくり出せる」**ということです。

★何が幸福度に影響を与えるのか

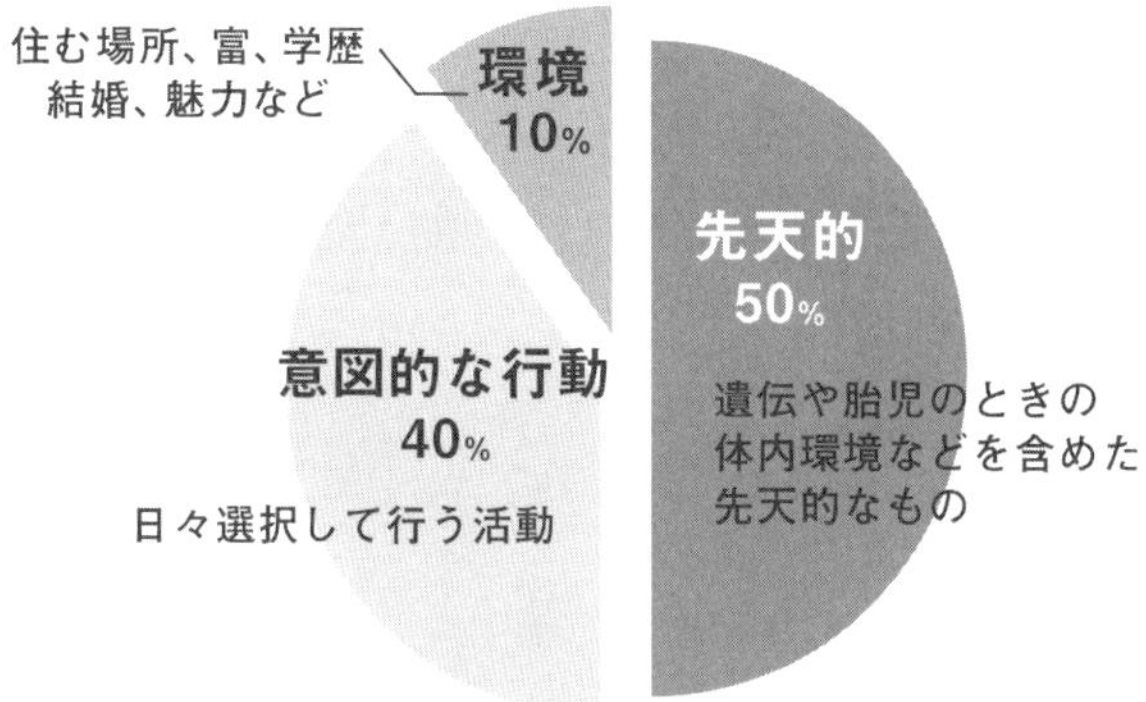
住む場所、富、学歴
結婚、魅力など
環境
10%
先天的
50%
遺伝や胎児のときの
体内環境などを含めた
先天的なもの
意図的な行動
40%
日々選択して行う活動

ソニア・リュボミアスキー『幸せがずっと続く12の行動習慣』（日本実業出版社）をもとに作成。

2017年のポジティブ心理学国際会議では、Maykaが先天性の影響を40%と発表した。

★幸せを高め持続させる行動習慣

エリア	行動習慣
心理的健康	感謝する、人生の喜びを深く味わう、フローを増やす、楽観的、考えすぎない・比較しない、問題対処スキルを身につける
身体的健康	身体を大切にする（運動、瞑想、栄養*、休息*）
社会的健康	（つながり）人間関係を大切にする、親切にする、人を許す （キャリア）やりがいのある仕事*、経済的に安定する*
すべてに影響	強みを知って、使っている*

ソニア・リュボミアスキー『幸せがずっと続く12の行動習慣』（日本実業出版社）をもとに作成。

*は松村が追加

リュボミアスキーは、その意志による活動とは何かを知るために、幸せな人とそうでない人を研究し、たくさんの違いを見つけました。例えば、感謝しているとか運動しているほうが幸せということです。でも、感謝しているから幸せなのか、幸せだから感謝しているのかという原因と結果の関係はわからないので、最終的には「介入研究」を行いました。

介入研究とは、多くの人を集めてランダムに2つのグループに分け、一方に幸せな人がする活動をしてもらい（感謝していることを毎日3つ書き出すなど）、その行動をしていない人に比べて、研究を始める前よりも幸福度が高まるか、という調査をしたのです。

そして「幸せを高め持続させる行動習慣」を12個見つけました。そこから、長い間信じられてきた「心理的な健康」だけでなく、「身体的な健康」や「社会的な健康」も大切だということがわかったのです（前ページ表参照）。

社会的な健康には、よい対人関係を持っていること、やりがいのある仕事を持っていることが含まれます。

この結果は、WHOが1946年に定義した「ウェルビーイング」という言葉に集約されます。これは「よい状態」すなわち「弱っていないとか病気でないということだけでなく、**心理的、身体的、社会的に幸福な状態**」をさします。

ウェルビーイングは、心理学ではなく医療の分野で使われてきた言葉で、私が長年教えていた英語の心理学の教科書には載っていませんでした。心の健康だけでなく、身体的健康も社会的健康も幸せに与える影響が大きいことから、ポジティブ心理学研究はウェルビーイング研究と呼ぶのが適切でしょう。**幸せな子どもは、この3つの健康がバランスよく満たされているのです。**

2018年に日本で発表された、神戸大学の西村和雄氏らによる日本人対象の研究でも、幸せに大きく影響していたのは、収入や学歴よりも自己決定、健康、対人関係で、心、体、社会のバランスの大切さを反映していました。

幸せな人はそのままで成功する

今の幸せが将来の成功を約束する

「幸せになると、ゲームばかりして努力しない子になるのではないか」などと心配する必要はありません。ポジティブ心理学の研究では**「成功するから幸せになるのではなく、幸せだから成功する」**ので、幸せな子は自然に成功するのです。では、「今」幸せであることが、「将来」にどう影響するかを見ていきましょう。

第1に「収入」。

イリノイ大学エドワード・ディーナーの調査によると、大学入学時に性格のポジティブ度が高かった学生は、低かった学生と比べて、卒業19年後の平均年収が1万5000ドルも高かったのです。**もしわが子に収入が高くなってもらいたいなら、子ども時代に幸せにしてあげれば、将来かなう**ということになりますね。

第2に「身体的に健康な状態」。

ある研究では、修道院に入るときに書いた自己紹介文で、ポジティブな感情を表す言葉を多く使っていた修道女は、60年後の時点で生存率が高かったのです。上位25%の人たちは下位25%の人たちより、平均で10年も長生きしました。

幸せな人が10年長く生きるのは、今では有名な話です。あなたが今幸せになり、寿命が10年長くのびるなら、その10年で何がしたいですか？

ただ、ネガティブな感情表現が寿命を縮めるということはなく、悪いことではないこともわかりました。これについては第4章で取り上げます。

ポジティブな感情は、免疫力を高めます。インフルエンザの菌を鼻の粘膜にスプレーし、ホテルの部屋に一人で閉じこもったときの研究では、事前にポジティブな気分を味わっていた人は、そうでなかった人に比べて、病気になる確率が低かったのです。

第3に「社会的に健康な状態（つながり）」。

ある時点で幸せな人は、将来の人間関係や夫婦関係で満足することがわかっています。カリフォルニア大学バークレー校のリー・アン・ハーカーらの研究によると、卒業アルバムに、幸せな気持ちを素直に表現する笑顔で写っている学生は、十数年後には結婚しているか、結婚生活に満足しているという結果につながっていました。
なお、そのことと大学生の身体的魅力とはあまり関係がありませんでした。

第4に「パフォーマンス」。
ポジティブな感情は、パフォーマンスを高めます。トランポリンで跳ねてポジティブな気持ちになった5歳児はクイズの正答率が高まり、お菓子や漫画などで事前にポジティブな感情を喚起された医者は、難しい症状を正しく診断する確率が高いのです。おもしろいですね。

幸せと成功の関係を研究し発表した作家のショーン・エイカーは、幸せな人が成功する現象を「ハッピネス・アドバンテージ」と呼んでいます。

ポジティブな感情は世界を広げる

ところで、なぜ幸せだと成功するのでしょうか？　これは、ノースカロライナ大学のバーバラ・フレデリクソンが唱えた「拡張・形成理論」で説明できます。

★ポジティブな感情は人を成長させる

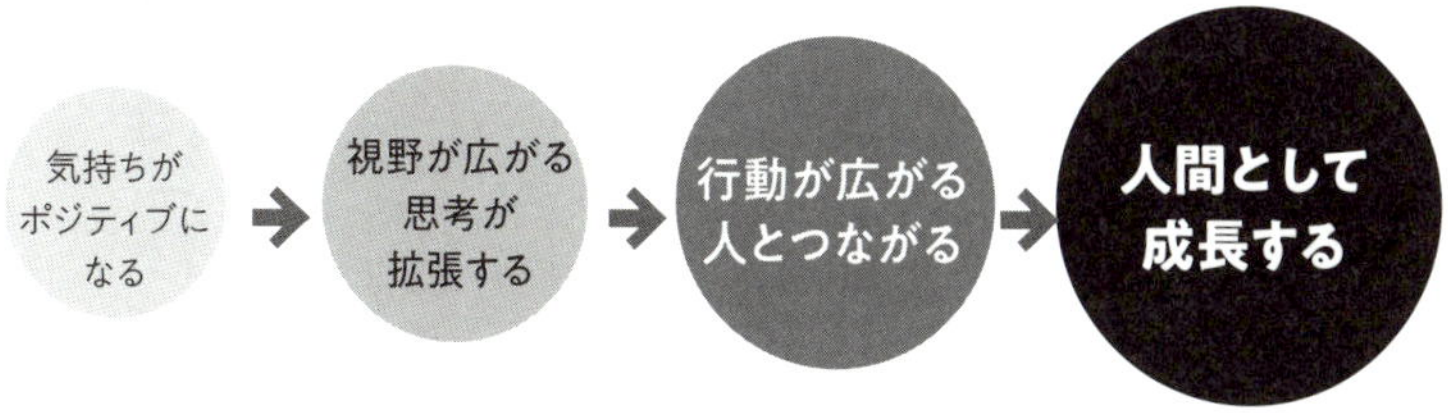
気持ちが
ポジティブに
なる
視野が広がる
思考が
拡張する
行動が広がる
人とつながる
人間として
成長する

ディスプレイ上にネガティブな気持ちを生じさせる画像が映し出されると、視野が急に狭くなり、画面の端のほうにある画像を見なくなります。ネガティブな思考のときは、生存や安全が最優先となるため、視野が狭まるのです。

逆に、**ポジティブな感情でいるときは視野が広がり、広い世界が目に入ってきて、挑戦欲が出て、スキルが高まり、心を開いて、人とのつながりができ、さまざまなリソースを形成していきます。**子どもは苦しまないと学ばないと考えている人もいますが、人はポジティブな感情のときに学び成長するのです。

世界に通用する子どもとは？

今ある仕事の半分は10年でなくなる

私は世界に通用する子どもを、次のように定義しました。

①世界中どこにいても幸せで

②自分の強みを生かして人を幸せにする子

世の中には、立派な仕事についているけど、幸せでない人もいるし、本人は幸せだと感じていても、社会の役に立っていないこともあります。自分の強みを生かせずに社会の役に立っている場合は、いやいややっていたり自己犠牲を伴っていたりするので、幸福度は低いかもしれません。ですから①②が揃った状態であることが大切です。

幸せになる方法は、自己決定、健康、人間関係などの「非地位財」を大切にすることです。そして世界のどこにいても幸せであるためには、多様性の尊重やレジリエンス（回復力、しなやかさ）も必要になります。これは後で説明します。

ここで考えなければならないのは「時代の変化」です。AI時代になって、私たちの子どもが働き始める頃には、今ある仕事の多くがなくなると予測されています。そんな時代に幸せになるには、そして社会に貢献できるためには、何が必要なのでしょうか。

オックスフォード大学のマイケル・オズボーンらは2013年に、**今ある仕事の49%が2030年にはAIに取って代わられる**と発表しました。

すでに、多くの単純作業は発展途上国やAIに移っていますが、なくなる仕事は単純作業だけではありません。電話オペレーター、販売員、ホテルの受付係をはじめ、銀行の融資担当者、不動産ブローカー、保険の審査担当者、税務署の申告担当者、簿記・会計・監査の事務員など、複雑そうな仕事も入ってきています。

さらに弁護士助手もあげられていて、すでに裁判事例を弁護士の代わりにAIに調べてもらっている会社もあるそうです。こうなると、私たちの子どもたちがどんな仕事に就けるのか不安になりますね。

では、**AIに取って代わられない仕事とは何かというと、人間にしかできないこと、つまり創造性や人間味、温かさや思いやりが必要な仕事**です。そういう仕事しか残らなくなるでしょう。そして、**仕事というのは、どこかの会社に入って「就く」というものではなく、自分で「つくり出す」**という要素が大きくなるでしょう。

世の中は、個人がそれぞれの強みを生かしながらお互いを幸せにする、個人と個人が価値を提供し合う——そういう時代へと加速するはずです。そんな中で、暗記や詰め込みばかりで、考える力が育たない教育や子育てをしていたら、世界に通用する人間に育たないのは明らかです。

私は、アメリカの大学で歴史の授業の期末試験の日、暗記問題が一つもないことに驚きました。白紙2枚が配られ、設問はたった1行「黒人解放運動が、なぜこの時代に起きたのか書きなさい」。時代背景、関わった人たちの心情などを絡めて説明するものです。知識をフル動員して1時間以上かけて書き終わった後は、ヘロヘロになったものです。

モチベーションOSは時代で変化する

作家のダニエル・ピンクは、2011年に出版した『モチベーション3・0』で、時代によってモチベーションのOSが変化していると言います。

「農業革命」を経た頃のモチベーションの〈OS1・0〉は、生命の維持、生きることだけが目的、つまり生物学的動機です。やる気になる動因は快と不快で、寝たい、食べたいという本能を満たすことでした。

「産業革命」後の〈OS2・0〉は外発的動機で、目的は罰を避けるか報酬を得ることでした。大型の機械で大量生産するために、人が同じ時間に工場に集まり、単調な作業を繰り返すのが仕事でした。人が指示命令どおりに動かないと大量生産できなかったのです。ちゃんとやっている人には報酬を与え、できない人には罰を与えて、目標を達成することで社会が豊かになっていきました。

動因は、その報酬を得たい、罰を避けたいという思いであり、指示や命令で動きます。家庭であれば、100点を取ったら自転車を買ってあげるけど、取れなかったらゲームはさせてあげないということです。社会は長い間、この〈OS2・0〉で動き、教育はみんなと同じようにできる子どもをつくってきたとも言えます。

でもその時代は終わりつつあり、今は「情報革命」後の時代です。〈OS3・0〉は内発的動機で、**目的は、人が生まれながらに持っている好奇心を満たしたい、成長してもっとうまくなりたい、人の役に立ちたい、人の喜ぶ顔が見たい**などで、内側から湧き出るそのこと自体をやりたい気持ちが、モチベーションの源泉となります。

ピンクは、このモチベーションと脳が活性化する部位との関係には触れていませんが、関係はあるでしょう。それを理解するために、脳の仕組みについて見てみましょう。この仕組みは、この本の重要なコンセプトになります。

人間の脳は、図のように3層からできています。

①内側の層……爬虫類（ヘビやトカゲ）の脳と同じで、生命活動を司っている。
②真ん中の層…哺乳類（トラやゾウ）の脳と同じで、感情を司っている。
③外側の層……霊長類（人間）の脳で、理性を司っている。前方の前頭全野が実行機能（頑張る意志の力や、がまんする自制心など）を動かしています。

★モチベーションは脳と関係している

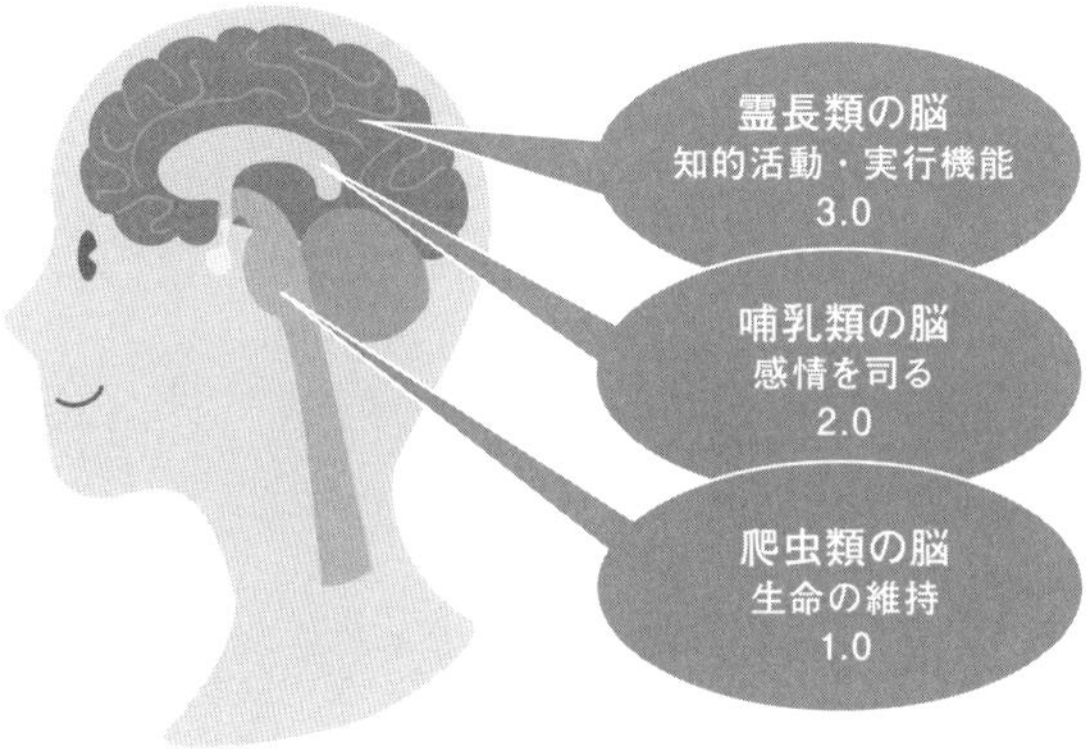
霊長類の脳
知的活動・実行機能
3.0
哺乳類の脳
感情を司る
2.0
爬虫類の脳
生命の維持
1.0

★モチベーションOSは進化している

時代による進化

モチベーションOS	時代	目的	モチベーション	脳のレベル
3.0（内発的動機）	情報革命	興味、成長、貢献	内側から湧き出るやりたい気持ち	人間の脳
2.0（外発的動機）	産業革命	罰を避け、報酬を得る	報酬、罰、指示命令	哺乳類の脳
1.0（生物学的動機）	農業革命	生命の維持	快・不快	爬虫類の脳

第2章

間違いのない子育てスタイル

～報酬も罰も与えなくていい～

なぜ罰は子どもをダメにするのだろう

報酬と罰は4つに分けられる

モチベーションの〈OS2・0〉は報酬や罰を与えるもので、行動心理学が全盛期の頃に形づくられたものです。この時期に心理学といえば、行動心理学。心理学の定義は「行動の科学」となり、「心理学が心をなくした」と皮肉を言われたものです。

思考や感情は排除され、見えないものを科学しても仕方がないから、見えるものだけを科学しようという考えでした。にわかには信じられませんが、「人は外からの刺激だけで動く」「人には自分の意志や考えがない」と説かれていたのです。

外からの働きかけで、報酬は望ましい行動を「増やす」もの、罰は望ましくない行動を「抑制」するものと考えられ、それぞれ2つ、全部で4タイプに分けられます。

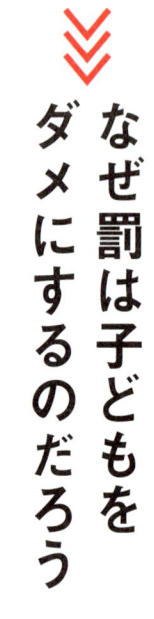

★外から与える影響には4タイプある

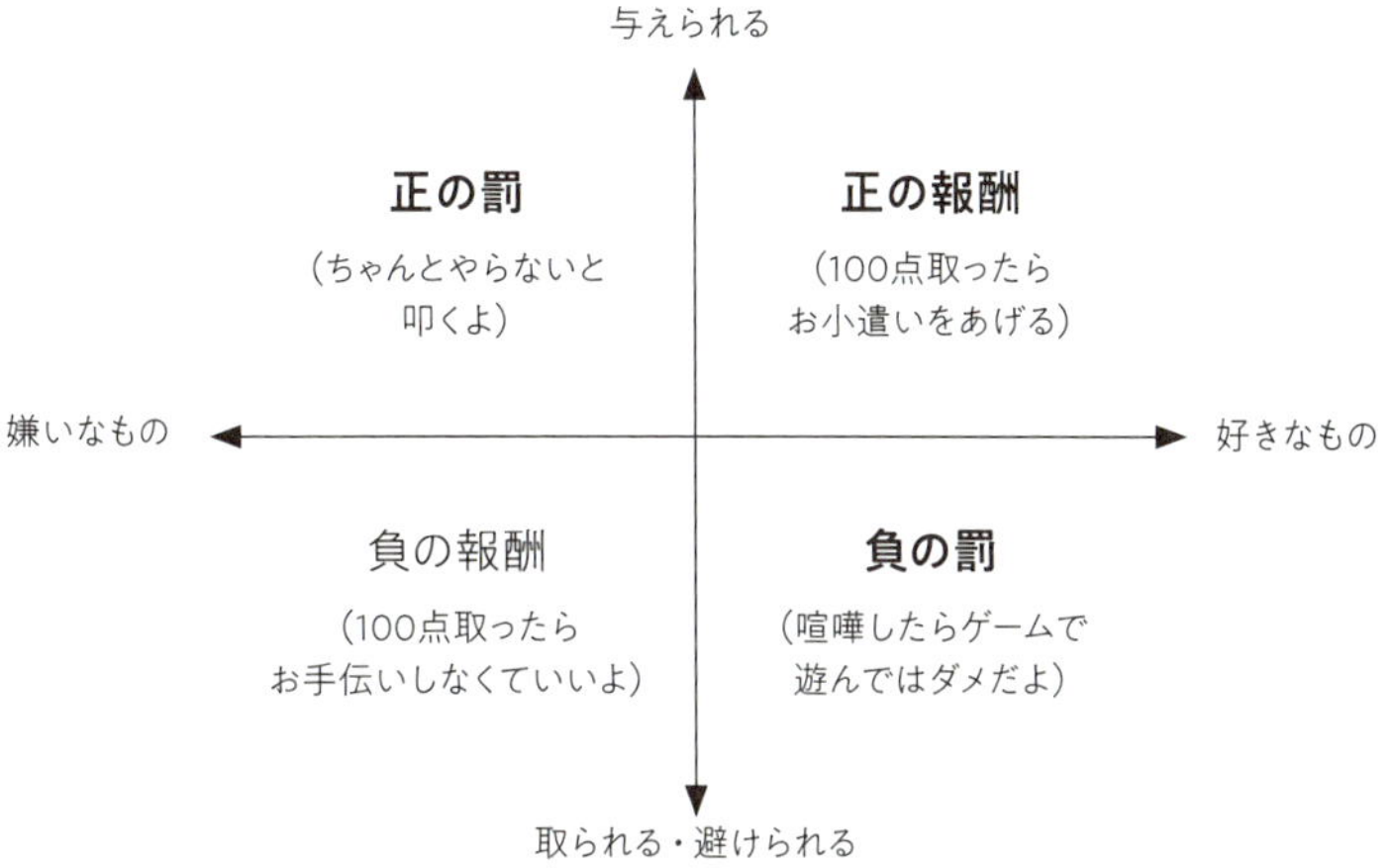
与えられる
正の罰
（ちゃんとやらないと
叩くよ）
正の報酬
（100点取ったら
お小遣いをあげる）
嫌いなもの
好きなもの
負の報酬
（100点取ったら
お手伝いしなくていいよ）
負の罰
（喧嘩したらゲームで
遊んではダメだよ）
取られる・避けられる

表を見てください。「正」はプラスされる、与えられるという意味、「負」はマイナスされる、避けられる、取られるという意味です。好きなものをもらえるのが「正の報酬」、嫌なものを与えられるのが「正の罰」、好きなものを取られてしまうのが「負の罰」、嫌いなものを避けられるのが「負の報酬」です。

どんな罰も子どもをダメにしてしまう

行動心理学では、この4タイプの望ましさは次のように考えられていました。

①「正・負の報酬」はモチベーションを上げて行動を増やす

正でも負でも、何か望ましい行動をしたら、好きなものを与えたり、嫌なものを避けられるようにするべきだと考えます。これは実は間違いで、次項で説明します。

②「正の罰」は子どもの成長に大きな害がある。

嫌なものを与えられるという中には、「痛みを与える（体罰）」「嫌な気持ちや恥や罪悪感を与える」「大きな声で怒鳴る」などがあり、子どもの成長に悪い影響を与えることが長年の研究でわかっています。

罰を与えると、良好でない親子関係が形成され、家庭環境からの逃避願望が生まれやすく、自尊心が育ちません。罰は痛いのでストレスとなり、監視する親がいるときしかやらず、道徳指針も育ちません。

さらに、親が「〜してはだめ」と罰を与えても、子どもは何をしたらいいかわからず、望ましい行動を教えられません。すると子どものパフォーマンスが下がり、ストレスや嫌な気持ちのせいで思考が狭まったりします。

③「負の罰」はしつけに役立つ

好きなものを取り上げるので、体罰や怒鳴ったりするほどの実際的な痛みはありません。行動心理学では、悪いことをしたら、正の罰よりは負の罰をすすめています。「タイムアウト法」はこの例です。子どもが悪いことをしたら、子どもが期待している親の注意を与えない処置――親の注目を得られない場所で数分間（子どもの年齢と同じ時間、5歳なら5分間）自分で考える時間を持たせます。

興味深い内容ですが、実践するとなかなかうまくいきません。タイムアウトするよと言うと、子どもがとても嫌がり、嫌なものを与える正の罰と同じような影響を与えることになり、その頻度が増すと改善するどころか悪化することが多いです。

以前見たドキュメンタリー番組で、驚いたことがあります。日本で10代と20代の失踪者が毎年3万人いるというのです。アメリカでは、いなくなったら誘拐かと疑うのですが、日本では家出だったのです。家出した子どもたちのインタビュー調査では、厳しい親が多く、**罰が逃避を誘発する**ということの研究を思い出しました。「子育てには罰が必要だ」と思っている親御さん、即効性があるように感じて、親自身もストレスをぶつけられるので、つい罰してしまうのでしょうが、悪い影響は後から出てくるので、今日からやめてください。その代わりにできることを、この本では紹介しています。

ご褒美も子どもをダメにしてしまう

報酬は創造性の高いことには効かない

「罰するのが悪いのはわかるけど、ご褒美はいいでしょ」と思う方は多いでしょう。ほめたりご褒美をあげる育児は、あらゆる場所ですすめられていますね。実は、行動学が全盛期だった1949年、ウィスコンシン大学のハリー・ハロウが、猿の実験から報酬の害を発見しました。

ハロウが、猿に留め金をはずとしかけが外れるおもちゃを与えると、無我夢中で留め金で遊び始めました。仕組みを教えていないし、ご褒美も与えていないので、人は報酬からしかやる気が出ないという常識とは違うことに気づきました。

人には生まれつき好奇心や興味があり、これを満たしたいという動機があるのです。

ハロウは、報酬や罰がないと人は動かないことを「外発的モチベーション」、報酬や罰がなくてもやりたくてやることを「内発的モチベーション」と呼びました。

そして、試しに、見事に留め金を外したとき、**報酬として餌をあげてみました。するとなんということでしょう！ 間違いが増えてしまったのです。**ハロウは、行動心理学者らと直面することを避け、このことを追究せずに愛着の研究を実らせます。

そして1962年、プリンストン大学のサム・グラックスバーグが、ろうそくの実験をします。

次ページの図①を見てください。実験の協力者に画鋲の入った箱とろうそくとマッチを与え、「ろうが机に垂れないように、壁に取り付けてください」と伝えますが、なかなか解けません。答えは図②で、画鋲を箱から出してその箱を使うのです。

そして「早く解いた人にご褒美をあげます」と伝えると、なぜかもっと解けなくなるのです。ただ、図③のように初めから画鋲を箱から出しておくと、創造性の低い課題になってしまうのですが、ご褒美を与えると伝えると早く解けるようになります。

つまり、**交換条件付きの報酬は、簡単な課題ではパフォーマンスを高めるが、創造性の必要な複雑な課題ではパフォーマンスを低下させる**ということです。

★報酬はパフォーマンスを高めるか

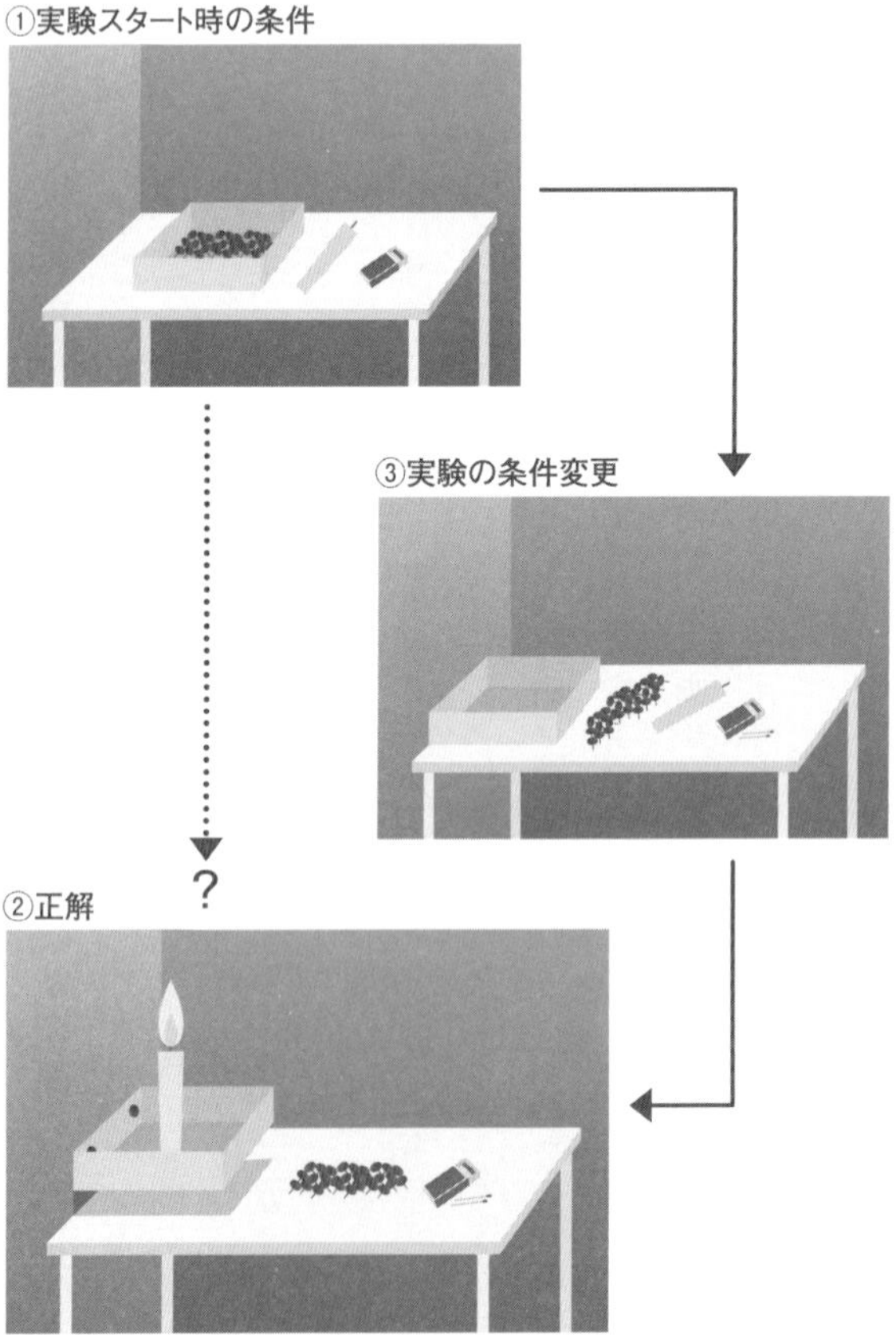
①実験スタート時の条件
③実験の条件変更
?
②正解

ヒントを与えると求められる想像力は低下するが、正答率は高まる

報酬をもらうと興味は落ちてしまう

報酬は、創造的なパフォーマンスだけでなく、人の興味も奪ってしまいます。

1975年に、カーネギーメロン大学の大学院生エドワード・デシが、ハロウの実験に興味を持ち、内発的モチベーションを深く研究しようとしました。彼は、当時流行っていた立体パズル「ソマキューブ」を解いたら報酬を与えるとしたらどうなるか実験したのです。

★モチベーション研究に使われたソマキューブ

学生を2つのグループA、Bに分け、3日間にわたり1時間でいろいろなものをつくってもらいました。途中でデシは「データを入力してくるから」と言って部屋を出て行きます。実は、マジックミラーで観察できる隣の部屋に行ったのです。

席を外していたのは8分間で、実験室には雑誌など気を紛らすものが置いてあり、休憩時間もソマキューブで作業している時間を測りました。休憩時間でも続けているということは、興味を持っていると考えたのです。

1日目は両グループも同じようにして、グループAには2日目に「早くできた人に報酬を与えます」と言い、3日目には「昨日みなさんのパフォーマンスがよすぎてご褒美が底をついてしまったので、今日はなしです」と言いました。

結果は、報酬のなかったグループBは、毎日同じ時間をパズルに費やしていたのですが、グループAは、2日目だけ時間が増え、報酬がなくなった3日目は減りました。**報酬がなくなったとたんに、パズルへの興味をなくしてしまった**のです。

デシは、交換条件付きの報酬は創造的な思考を損ね、パフォーマンスを下げるだけでなく、興味まで失わせると結論づけたのです。

この説は論争を呼び、当時は社会に受け入れられませんでした。人を一生懸命働かせるために報酬と罰を与えていたからです。彼は当時働いていたビジネススクールからも解雇されてしまいました。

行動心理学者や、人を報酬や罰で働かせている人たちは、内発的モチベーションと外発的モチベーションは、相乗効果があると思いたかったのでしょう。そうでなければ、この仕組みは崩壊してしまいます。

実際はそれとは逆で、**もともと興味のあるものに報酬を与えると、興味を失わせてしまう**のです。これを「アンダーマイニング効果」と呼びます。親はせっかくの子どものやる気を失わせないように気をつけるべきでしょう。

これまでの研究結果から、**交換条件付きの報酬の害**は、次のようにまとめられます。

①創造的な課題でパフォーマンスを下げる。視野を狭めて思考力、直感力、創造性を妨げる。人参をぶら下げているので、そこだけを見るようになり思考が狭まる。

②そのこと自体への興味を奪い、内発的モチベーションが低下する。

③報酬がなくなると、継続しなくなったり報酬欲がエスカレートする。

④目的がすり替わってしまい、**報酬を得るために不道徳なことをする**こともある。

⑤動物脳は活性化されるが人間脳が刺激されないので、**自制心や自主性が育たない。**

交換条件付きでない報酬には、このような悪い影響はありません。詳しくは第6章で説明します。

時代が変わって身につけたい力

自律性こそ幸せへの道である

モチベーションで大切なことは、報酬や罰がいいのかいけないのか、正の罰か負の罰かということではありません。外発的モチベーションの本当の問題は次の3つです。

①行動を引き起こすのは誰なのか

誰かが子どもを外からコントロールしているということ、行動の原因がその子本人ではないということです。**幸せになるには自己決定が大切で、誰かにコントロールされている限り、幸せにはつながりません。**

②動物実験は人に応用できるのか

行動心理学の研究は、主に動物実験から結論が出されています。報酬や罰はベースに競争があり、**やらされる競争はストレス反応を起こします。**すると、脳はサバイバルモードになるので、動物脳が活性化し、今必要なエネルギーをすべてサバイバルに向けるため、人間脳を無力化させます。しつけで報酬や罰を使うとすぐに効果がでますが、**私たちは動物を育てたいのでしょうか、人を育てたいのでしょうか。**よく考える必要があります。

③成功にさえつながらない

報酬や罰によるしつけは、産業革命後の時代なら、幸せにはなれなくても、せめて成功はしたかもしれません。報酬や罰で動き、ルールを守って、指示命令どおりに動く人が社会に必要だったので、そういう環境に適応して安定した収入が得られたかもしれません。

でもＡＩの時代には、幸せも成功も手に入らなくなる可能性が高まります。指示命令でやる単調な作業は、ＡＩに取って代わられるからです。

人間脳が育たずに言われたとおりにしかやれない人間は、仕事をつくり出せず、人を思いやる気持ちも持てません。すると、幸せになれないばかりか、成功もできない、社会の役にも立てないということです。

アンダーマイニング効果については、もう半世紀以上も前に発表され、さまざまなエビデンスが蓄積されてきましたが、ずっと無視されていました。それが今になってやっと注目を浴び、ピンクの『モチベーション3・0』はベストセラーになりました。AIの情報革命が進み、無視できなくなったのです。

20世紀後半にマイクロソフトが多額の資金をかけて、専門家に頼んで始めた電子辞書のプロジェクトがありました。一方で、ウィキペディアはすべてが無償でした。あの頃、どちらが成功するかと聞いていたら、多くの人がマイクロソフトと答えたでしょう。でも2000年を過ぎてから、マイクロソフトは辞書ビジネスをやめ、ウィキペディアは成功します。**人は、報酬が欲しいのではなくて、人に貢献でき自分も成長できることが嬉しくて動くのです。**

ピンクは、「人は、目的があり、そこを目指して熟練度を上げられ、自分がやりたいことをやる自律性を尊重してくれる環境があれば、やる気が出る」と言っています。テスラやコンピューターのオープンソースもそうですね。高い技術を持った人が、社会のためになり自分の技術も磨けるので参加し、誰でも無料で使えるのです。報酬と罰では説明できません。

時代に合わせて親も変わろう

これからは、内側からのやりたい気持ちで行動する人が成功する時代です。時代が変わって何が起こったか、ピンクは具体的に次の3点をあげています。

①仕事が複雑化しておもしろ味が増した

以前の仕事は、反復作業が多くおもしろ味がなかったので、報酬が必要だった。報酬はおもしろくないことを頑張ったご褒美として払われるものだったのです。今は作業自体がおもしろい仕事が増えてきました。もちろん報酬を与えないということではなく、報酬は問題として上がってこないくらい十分に与えて、仕事に専念できることが大切だということです。

②仕事に創造力が必要になった

仕事が、単純作業から経験を生かせる発見的な作業に変わってきました。すると創造的な思考が必要なのですが、報酬は視野を狭め創造性を損なわせることがあります。

③組織管理の必要性が薄まった

組織がフラット化し、フリーランスで働く人も増えて、多くの仕事は在宅でもできるようになってきました。報酬と罰で管理された子どもたちが大人になる頃には、自分を管理する人も、自分が管理する人もいないかもしれません。報酬や罰を与える親がいなくても、人のためになることや正しいことをしたいと思えることが大切です。

問題は、**時代が変わっているのに、親や社会（教育）が変わっていない**ということです。遅れているのです。親や教育機関は、報酬と罰で子どものしつけや教育する古いシステムを惰性で続けています。

かつて教育は、多様な子どもたちを学校に入れると、卒業するときにはルールを守り言われたことをする、同じような人をつくり出すものでした。しかし、今必要とされているのは、その真逆で、多様な人たちの個性や強みを教育を通してさらに伸ばし、主体性と多様性をさらに高めて、その人なりの方法で社会に貢献できるように支援していく教育なのです。

文部科学省は、2020年の大学受験改革で、これまでの知識量と思考力に加えて、

★仕事と教育に求められるものは変化している

時代による進化

	仕事の前提	教育に求められるもの
情報革命後（AI時代）	複雑で面白い、創造的、自由	多様性を重視して個性を伸ばす 主体性、協調性、多様性
情報革命前	退屈、単調、管理	異質のものを同じにしてしまう 知識量、思考、暗記

主体性、協調性、多様性を重要項目に入れました。これは時代にかなっています。

情報はなんでもグーグルが教えてくれるのに、暗記させたり、正解を探させる質問が多ければ、学校に行きたくもなくなります。**人は、意味のないことをやり続けることほど苦痛なことはないのです。**昔は役に立っていたことが、この時代に合っているのか見直す必要があるでしょう。

子どもが不登校で悩んでいる親がいたら、その子が興味を持っている分野を、家や学校以外の場所で突き詰められる環境を整えてあげてほしいものです。そこで磨いたスキルが将来、社会の役に立つのです。**学校に行かなくても、世界に通用する子どもに育ちます。**

子どもが育つよい環境をどうつくる?

自己決定理論は人間性を尊重する

さて、みなさんは「世界に通用する子ども」が育つ環境とは、どのようなものだと思いますか? 世界のどこにいても幸せで、強みを生かし社会の役に立って、誰かを幸せにしている。主体性(内発的モチベーションや自己決定)、協調性があり、多様性を尊重する子どもですよね。親は、子どもにどういう環境を用意して、どのように関わればいいのでしょうか。

「正しい問いは、他者をどのように動機づけるかではない。どのようにすれば他者が自分を動機づける条件を生み出せるかである」とは、デシの言葉です。この「条件」は「環境」とも置き換えられます。子どもがやる気が出ないときに、どうやってやる気にさせるか、報酬や罰でコントロールするのではなく、子どもがやる気になるには親はどのような環境を用意したらいいかを考えてみましょう。

花の種が、太陽や水やいい土があれば自然と育ち、きれいな花を咲かせるように、子どもに何かをさせようとしなくても、よい環境が整っていて邪魔をしなければ、自然に成長していくのです。

心理学には、人間性を尊重する心理学とそうでないものがあり、後者がフロイトの精神分析や前述の行動心理学です。

精神分析では、人はもともと悪で生まれ、うまくコントロールしなければおかしなことをしてしまい、人生は3歳までの親の関わり方で決まると考え、人固有の力を信じませんでした。行動心理学では、人は真っ白な状態で生まれ、意識や思考はないものだ。報酬と罰だけで学ぶもので、よい行動は報酬を与えられた結果で、悪い行動は報酬や罰によって学び直せる――というように、人は環境の犠牲であるとしています。この考え方は、私の人生や臨床経験にはそぐわないものでした。

★3つの基本的欲求が満たされた
子どもは幸せに育つ
○関係性
○自己効力感
○自律性

3つの基本的欲求に集中すればいい

そこで登場する〝ポジティブ心理学のおじいちゃん〟とも呼ばれる「人間性心理学」は、**人は生まれながらに自分の力を最大限に生かして人の役に立ちたいと思っている「自己実現」の欲求を持っているとし、この欲求が邪魔されなければ、人は自然と自己実現に向けて成長していく**と考えます。性善説であり、環境の犠牲ではなく自己選択です。

ただ、エビデンスがなかったのが弱点で、研究データの多い行動心理学や認知行動心理学のほうが説得力が高く、広く応用されたのでしょう。

そこでデシは、人間性心理学に科学的手法を使ってエビデンスをつけたのです。彼は実践的なデータを用いて、**「人が生まれつき持っている3つの基本的欲求が満たされれば、人は自己決定し、精神的に健康になり、幸せになれる」**としました。

その3つの基本的欲求は、次のとおりです。

①関係性………人とよい関係を持つ
②自己効力感…やればできると思える

★学歴・年収・自己決定の幸福度への影響

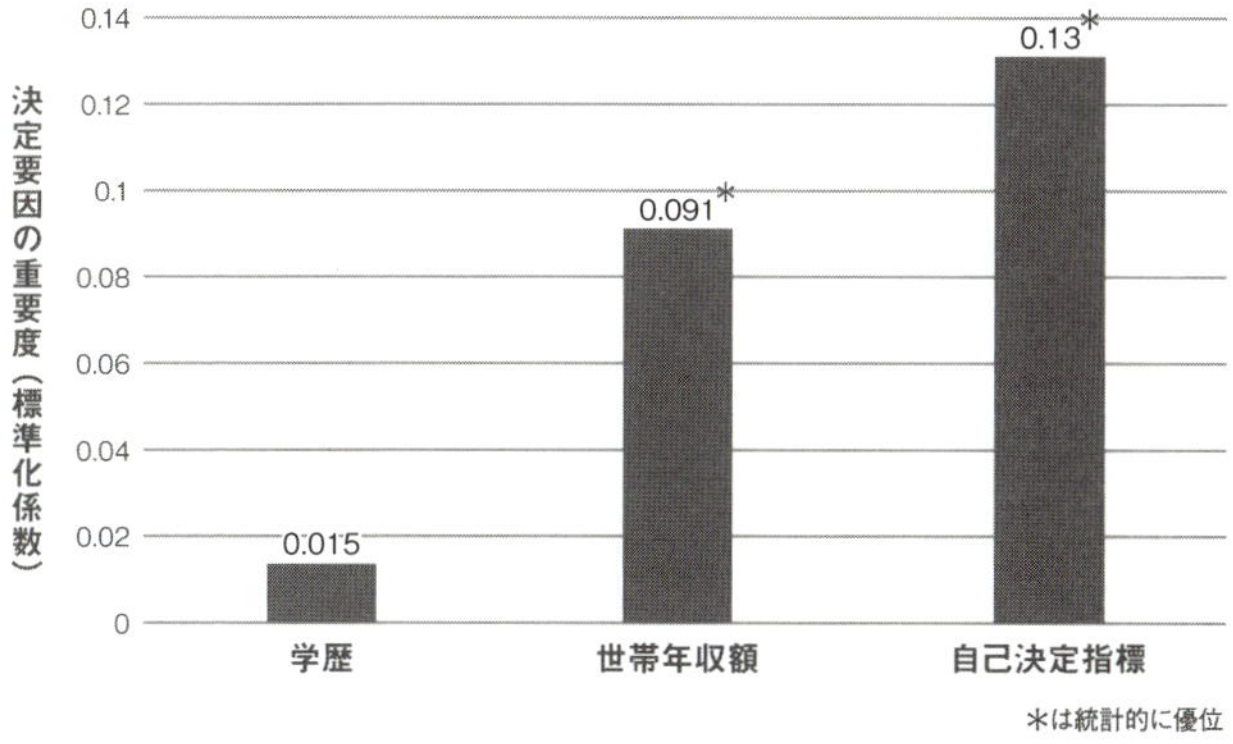
決定要因の重要度（標準化係数）
0.14
0.12
0.1
0.08
0.06
0.04
0.02
0
0.015
0.091*
0.13*
学歴
世帯年収額
自己決定指標
*は統計的に優位

『幸福感と自己決定』西村和雄氏ほか 2018より

③自律性………自分で選び決定できる

日本でも2018年、これを支える研究が発表されました。神戸大学西村和雄氏らは、20~70歳2万人の幸福度に影響を与える要因を調査し、幸せに関係していたのは、1位「健康」、2位「人間関係（パートナーや職場の上司・同僚）」、**3位「自己決定度」（進学先や就職先を自分の意志でどのくらい決めたか）**でした。

「収入」は不幸を予防したけれど、ある程度高くなると、収入が増えた分、幸福度が増える比率は下がり、難易度を考慮した「進学先の決定」に至っては、数値が低すぎて幸せに関係しているとは言えませんでした。

間違いのない子育てスタイルがある

子育て分類でよくないのは厳格型の親

デシの提唱する3つの欲求を満たす関わりは、長く研究されてきた子どもの幸せや成功と関係する「支援的子育てスタイル」と一致します。

有名なのが、カリフォルニア大学バークレー校のダイアナ・バウムリンドによるもので、子育てを、ちょうどよい、厳しすぎる、優しすぎるという子育てタイプに分けています。順番に言うと、次のようになります。

①民主的……子どもへの期待は高いが、自律性を尊重し、説明し、温かく、共感的
②権威的……子どもに命令してコントロールする
③迎合的……子どもへの愛はあるが、制限をまったく設けずに甘やかす

その後、スタンフォード大学のエレノア・マコビーらが次のタイプを加えました。

④無関心的…子どもに関わらない（ニグレクト）

バウムリンドは、**「民主的な親に育てられた子どもは社会的に適応し、成績もよく幸せで、ストレスが低くレジリエンス（回復力）、しなやかさが高い」**としています。これが「支援的子育て」とも呼ばれるものです。

この欧米での研究は1966年と古いのですが、最近、アジアでの研究も出てきて、その重要性が再認識されています。

2011年にアメリカで『Tiger Mother』という本がベストセラーになり、邦訳もされました。崖から子どもを突き落とす虎のような子育てが子どもの成功に役立つと、中国系のエイミー・チュアさんが自分のケースを綴った本です。ピアノとバイオリンの練習や長時間の勉強など、子どもを親の思いどおりにすることを貫いています。

その後、テキサス大学のスーヨン・キム氏が、タイガーマザーが本当にいいのか検証しています。まず444の中国人家庭の親を「支援型」「厳格型（タイガー）」「放任型」「虐待型」という4タイプに分けて、どのタイプが効果的かを調べました。

興味深いことに、中国のタイガーマザーは20％でしかなく、いちばん多かったのは支援型の親で5割弱でした。そして、**学業成績が高く精神的状態がよかった（うつ症状や孤独感も少ない）のは、支援型の家庭で育った子どもたち**でした。ここに幸福度が入っていないのは残念ですが、きっと同じような結果になったと思います。

チュアさんの1人目の子はタイガーマザーに服従し、世間的に言えば成功したのですが、2人目の子は反抗し最後まで仲直りしなかったと書かれているので、**親がコントロールすると、子どもは服従か反抗かになる**ようです。

反抗した場合、その厳しさから逃避をすることが多くなります。そしてその「世間的に言えば成功した長女」が幸せかどうかが気になります。

子どもの成功と幸せを願うなら支援型

神戸大学の西村和雄氏と同志社大学の八木匡氏が2016年に発表した日本の研究は、1万人の成人男女が対象です。子育てスタイルと、成人後の収入、学歴、精神的健康との関係を調べたのです。これは「あくまでも傾向」であること、「親も子どももいつでも変われること」を念頭に置いて読んでください。

2人は日本の子育てタイプを次のように分けました。

- 支援型……自律を促し温かい（バウムリンドの民主的スタイル）
- 厳格型……報酬や罰を使って厳しい（アメリカの権威型、タイガータイプ）

●迎合型……子どもの好きなようにさせる
●放任型……アメリカの無関心型
●虐待型……体罰などを使う

71ページのグラフを見てください。

①の**年収では「支援型」がいちばん高く**、「厳格型」も2番目に高いので、タイガータイプの親の子どもも成功しているように見えますが、それは産業革命後のことで、収入は情報革命の時代には下がると考えられます。

②は学歴で、**大学卒業以上の割合がいちばん高いのは「支援型」**の子どもたちです。「厳格型」の大学へ行かない子どもたちの中には、失踪する子も含まれているでしょう。子どもが言うことを聞く幼児期と学童期はうまくいくので、つい厳しくコントロールしてしまい、思春期になると問題が出てくることが多いのです。

③を見てください。子どもをコントロールしていると、幸福度にはとても大きな開きがでてきます。前向き志向は楽観性でもあるので、幸福度と考えられます。0が平

均値でプラスに行くほど楽観的、マイナスに行くほど悲観的ということです。**「支援型」の幸福度は、ほかと比べてズバ抜けて高い**のです。「厳格型」「迎合型」はかなり低く、「放任型」「虐待型」では逆方向に振れています。

④の不安感でも同様の傾向が見られ、「支援型」の子どもがもっとも低くなっています。

以上から言えるのは、「支援型」が子どもの幸せや成功にいちばん効果のあるスタイルだということです。そして、意外にも「迎合型」の子どもが振るいません。子どもの好きなことを容認しているのに、なぜでしょう。これは第6章で説明します。

ここで、落ち込んでしまう親御さんもいるかもしれません。私も気をつけていないと、ついつい「統制型」の子育てをしてしまいます。でも、**子育てスタイルは、「選び、学び、できる」ようになっていくもの**なのです。そして子も親も、いつからでも変われます。次の章から見ていきましょう。

また、「支援型」の子育てスタイルの一歩先を行く、最新の研究を応用した子育てスキルも紹介します。

★日本の子育てタイプと特徴

①成人後の年収

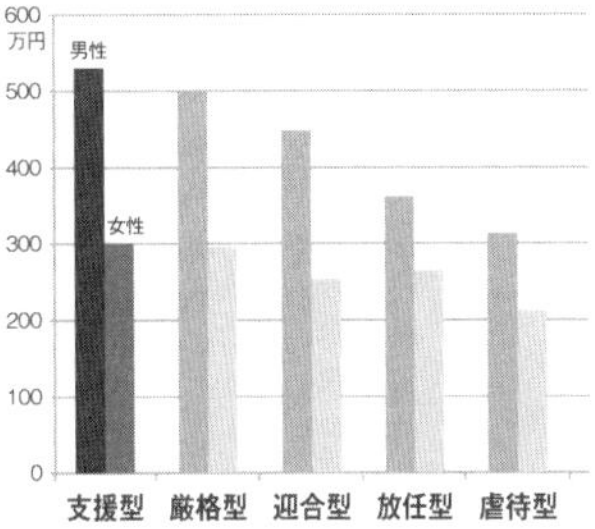

②大学卒の割合

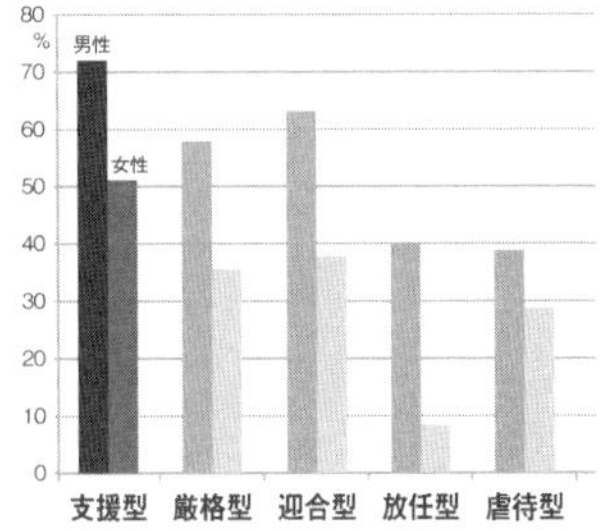

③前向き思考（幸福度）

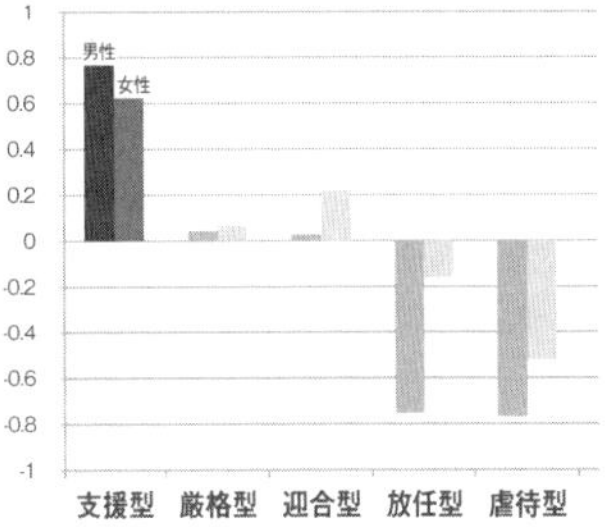

④不安感

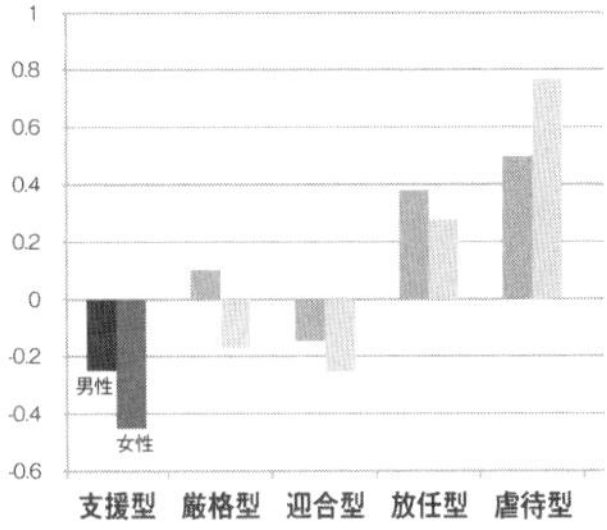

『子育てのあり方と倫理観、幸福感、所得形成』西村和雄氏ら 2016より

第3章

親と子の関係をよくする方法

～崖から突き落とさなくていい～

子どもの成長に欠かせない「安全基地」

親は子どもが甘えられる安全基地

ニューヨークに家族で引っ越してしばらくした頃、旧友の家でくつろいでいました。子どもたちは「ベース鬼」という、リビングルームにあるソファをベース（基地）にした鬼ごっこを始めました。広い友人の家を、2階へ地下へと走り回り、疲れるとソファーに戻ってきます。

このソファーに座っている間は、鬼はタッチすることができません。走り回って息が上がってソファーに倒れ込み、そこで誰に追われることもないので、にこにこしながら、まわりを見渡しながら休みます。ハア、ハアという呼吸がそのうち落ち着き、しばらくするとうずうずしてきて、また鬼のいる世界に楽しそうにいたずらな顔で飛び出していきます。

ぼーっとこの様子を見ていて、ある実験を思い出しました。第1章で紹介した、内発的モチベーションを発見したのに、それ以上は追究しなかったハロウの実験です。

猿の赤ちゃんが親がいなくなると早くに死んでしまうことに心を痛めて、つくり物のお母さんを与えました。一つはミルクの入った哺乳瓶を持った針金製、もう一つは哺乳瓶を持たないけど温かい布製です。

さて、どちらのお母さんを好きになったと思いますか？　猿の赤ちゃんがなついたのは布製のお母さんでした。1日のほぼすべてを布製の母親のそばで過ごし、お腹が空いたら針金製の母親のほうに行くという生活を送りました。

そのあとにおもしろいことが起こります。檻にクマのぬいぐるみを入れたのです。初めて見るものを、猿の赤ちゃんはとても怖がります。でもそのあとの行動が、どちらの母親と一緒にいるかによって違うのです。

針金の母親といるときは、赤ちゃんはずっと部屋の隅にうずくまって怖がっています。でも布の母親といるときは、最初は怖がって母親にすがりつきますが、しばらくするとクマに興味を持って少し近寄るのです。するとまた怖くなり、母親の元に戻ってしがみつきます。しかしまた興味を持ち、今度はもう少し近づきます。これを繰り返し、最終的にはクマと楽しく遊ぶようになるのです。

これは、子どもが成長するプロセスをよく表しています。みなさんも経験があると思います。手をつないで公園に行ったら、砂場をめざして走って行ったけど、途中でころぶと、「ママ〜」と言いながら戻ってきて、よしよしと抱きしめ背中を叩いてあげる。するとケロリと泣きやんで、また遊びに行く……。

つまり、子どもの育つプロセスでは親が「安全基地」となり、子どもはそこで安心と安全を得ます。でもそのうちに、なんだか不自由を感じてきて、エネルギーが満たされたら、なんとなくまた冒険・挑戦したくなるのです。

勇気を持って挑戦すると、うまくいくときもありますが、失敗したりうまくいかないことがあると、不安になって安全基地に戻ってきます。**「安心・安全→退屈・不自由→勇気・挑戦→失敗・不安→安全基地」を繰り返し、少しずつ活動の場を広げていくわけです。**

子どもは外の世界で頑張っています。ベース鬼のソファーのように、家にいるときは、責められず傷つけられない場所で安心して休み、食べ、笑い、エネルギーを満たすことができれば、また自然と勇気が湧いてきて挑戦しに行くのです。

★子供が育つプロセス

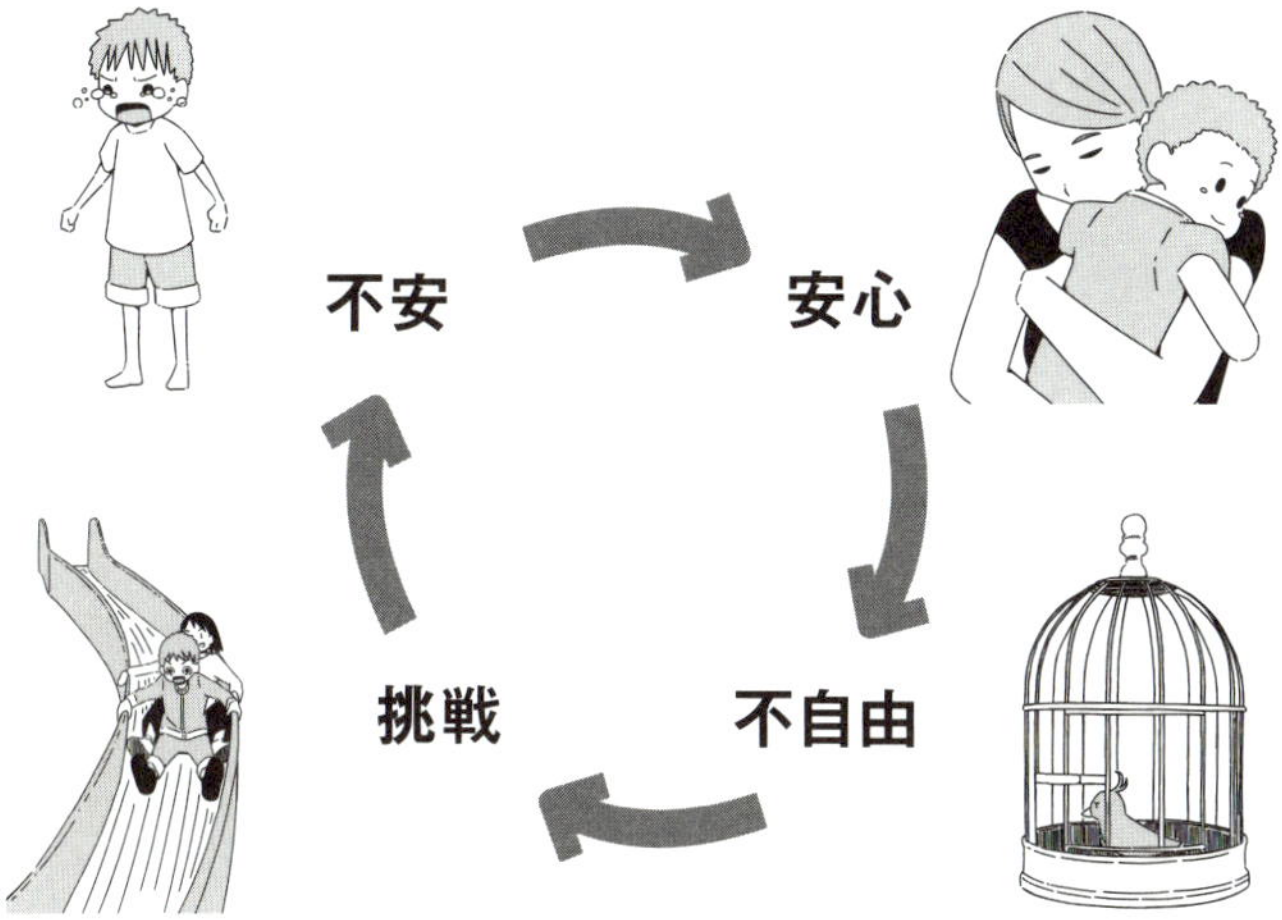

グーグル社が、何百とあるワーキンググループの中で、もっとも生産性の高いチームの特徴を調べた「プロジェクト・アリストテレス」という研究で、**いちばん大きな共通項が、チームの「心理的安全性」**だったというのもうなずけます。

世界に通用する子どもを育てたいなら、厳しく育てるのがよいと思ってはいけません。罰の害や子育てスタイルの研究、中国のタイガーマザーの研究でも、厳しい子育ては子どもの幸せにも成功にもつながっていませんでした。子どもは、**甘えられる場所、安全基地があるから挑戦することができ、不安になっても回復できるのです。**

愛されたい欲求と愛したい欲求がある

私の娘はとてもシャイで、私以外の人に抱っこされるのを嫌がり、私の足にしがみついていたものです。でも、**安心させてあげることが大事だと信じて、人見知りを叱らない**ように気をつけていました。

それが、小学校に入った頃から少しずつ社交的になり、今ではミュージカルやコンサートでオープニングソロを歌うほどになり、いじめられている子を助けるなど、勇気ある行動が毎日のように見られます。クラス委員にも立候補したようで、スピーチの練習をしているのを見て、びっくりしました。

子どもは自分のペースで成長していくのですね。親は、安全基地になってあげるだけで十分なのです。

このような安全基地となる大切な人との特別な関係を、心理学では「愛着」といいます。これは方位磁石のようなもので、道に迷ったときに、自分が今どこにいるのかを教えてくれます。人は方向がわからないと、生きていけないのです。

親と愛着を結べないと、「誰でもいい誰か」と愛着を結ぼうとします。よくあるのが非行グループで、親と愛着を築けなかったり、忙しい親に迷惑をかけてはいけないと思った子どもたち同士が、愛着を結びあおうとするのです。未熟な子ども同士が、相手の幸せを願えなくて起こす、いじめや殺人などの事件は胸が詰まる思いです。

人が温かいつながりを持ちたくなるのは、「関係性の基本的欲求」があるからです。その中には**「自分の存在を認めてほしい、愛されたい」という欲求だけでなく、「人を愛したい、相手を幸せにしたい」という人を思いやる優しさもあります。**「基本的」欲求という言葉には、次の2つの意味があります。

①子どもは誰でも「生まれつき」持っている欲求なので、親は満たす必要はあるが、教えたり植えつけたりする必要はない。

②食事や睡眠などの生理的欲求と同じで、満たされないといろいろな問題が起きる。

この関係性の欲求が満たされるには、「無条件に愛されていると感じられる」「自分で自分を愛せるようになる」という2つの条件が必要です。この章と次の章でそれぞれ見ていきましょう。

愛のタンクが満たされると頑張れる

人はみな愛のタンクを持っている

私の大好きなヒューストン大学の社会心理学者ブレネー・ブラウンは言っています。

「関係性こそが、人が生きる理由です。関係性が、生きることに目的や意味を与えてくれます。つながっていると感じる能力は、神経生理学的にも認められていて、生きる理由なのです」

これを聞いて、7歳のとき娘が映画を観た後に言ったことを思い出しました。

「ダースベーダーって、プラネットを破壊したり人を殺したりして世界を支配したいんだよね。でもこの世界を支配できたとき、誰もいなくなってたら幸せなのかな?」

勝ちたい、認められたい、世界を征服したいというのは、結局は人に認めてもらいたい、力があるとわかってもらいたい、尊敬され愛されたいということで、悲しいこ

★愛のタンクはどうなっているのか

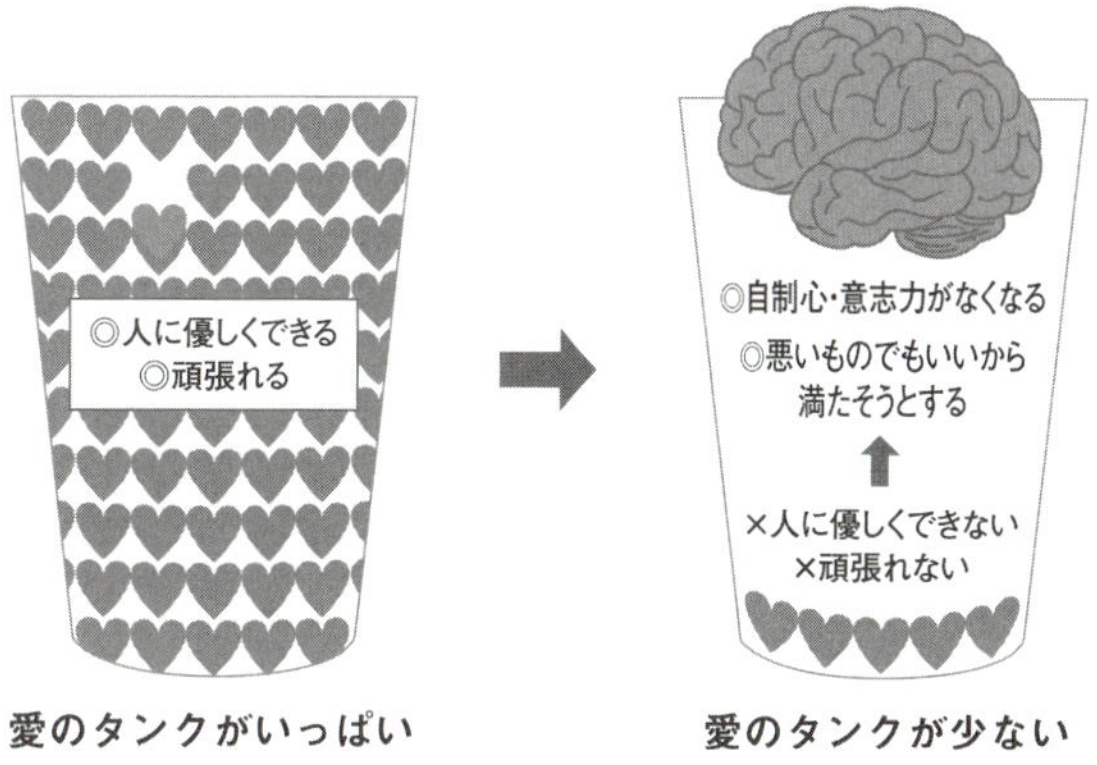
◎人に優しくできる
◎頑張れる
愛のタンクがいっぱい
◎自制心・意志力がなくなる
◎悪いものでもいいから
満たそうとする
×人に優しくできない
×頑張れない
愛のタンクが少ない

とにこの方法では、逆の結果を招くことが多いでしょう。

こう考えてみてください。一人ひとりが体の中に愛のタンクを持っているのです。タンクがいっぱいのときは、人は頑張れるし他人にも優しくなれますが、減ってくると、頑張れず、我慢できず、人に優しくもできず、やるべきことをやれなくなります。

そして、人は無視されるのがいちばん辛いので、**おいしい食べ物がもらえないなら腐っているものでも食べたくなり、悪いことをして気を引こうとします。**一般的に、親は子どもが悪いことをすると、つい怒ってしまいます。するとタンクの中身がもっと減ってしまい、もっと悪い行動が増え、悲しいニュースにつながることもあります。犯罪を犯してしまった少年は、一度でいいから注目を浴びたかったと言います。

ずっと以前、こんな相談を受けました。普段仲のいい2人兄弟の下の子が、上の子の首をしめたというのです。環境の変化を聞いてみると、ペットを2匹飼っていてとても可愛がっているということ。そこで、もしかしたら、今まで愛が注がれていた下の子の愛のタンクが、家族がペットを可愛がることで、少なくなっているのではないかと伝えました。親はびっくりして下の子と話してみると、本人が寂しかったことに気づき、望みをかなえてあげると（数回のハグだったそうです）、あっという間に問題行動がなくなり、別人のようになったというお礼の手紙が届きました。

子どもに問題行動がでたら、タンクの愛が少なくなっているサインだと受けとめ、次項で紹介するような、タンクを満たす行動をすることです。すると、問題行動は早いうちにすっとなくなります。メカニズムを知ると、案外簡単なことなのです。

親子の関係が子どもの幸せを左右する

これまでの膨大な研究をまとめると、安定した「愛着」が　どんなに大切かがよく

★愛着は子どものウェルビーイングに影響する

不安定な愛着 （条件付きの愛か、愛を感じられない）	安定した愛着 （無条件の愛を感じられる）
低い　【心理的ウェルビーイング】	高い
・挑戦が怖くて失敗すると回復しにくい。 ・不安が高く心の問題を発症しやすい。 ・大切にされていないと感じ自尊心が低い ・動物脳に偏り自制心が育ちにくい ・自分を信頼できず自己決定が難しい	・挑戦したくなり失敗しても回復が速い ・不安が少なく心の問題を発症しにくい ・自分が大切な存在と思え自尊心が育つ ・人間脳が育つので自制心が育ちやすい ・自分を信用でき自分で決められる
低い　【身体的ウェルビーイング】	高い
・不安や孤独感が免疫力を下げる	・ポジティブ感情とつながりが免疫力を高める
低い　【社会的ウェルビーイング】	高い
・人や社会への基本的信頼が育ちにくい ・人とよい関係をつくりにくい ・EQや社会的スキルが低い ・自信がなく挑戦しないので学力にも影響する ・注目されようと問題行動を起こすこともある	・人や社会への基本的信頼が育つ ・大人になってもよい関係を築きやすい ・EQや社会的スキルが高い ・挑戦や努力を惜しまず不安が少ないので、学力が高まる

理解できます。**親子の関係が築けている子どもは、上の表の「高い」欄にあるように、ウェルビーイングの心理的・身体的・社会的健康すべての指標が高い**のです。逆に愛されていないと感じたり、条件付きで愛されていると感じることが長く続くと、「低い」欄のような傾向が表れます。

身体的ウェルビーイングでわかりやすいデータは、ハーバード大学の追跡研究です。大学時代に「親に愛されている」と感じていた学生は30年後（50歳頃）に25％しか病気になっていなかったのですが、「親に愛されていない」と感じていた人は、87％も病気になっていました。あまりに大きな差です。

無条件に愛されている実感が欲しい

子どもにとっては、「愛されている」と感じるだけでは不十分です。**その愛が「無条件」と感じられなくては、いつまでも不安がつきまといます。**

「100点取ったら愛されるけど、50点だと愛されない」「いい子だと愛されるけど、泣くと愛されない」と感じていては、「関係性の欲求」は満たされません。

このような状態では、愛されている、愛されていないという感覚が交互にやってきて、親に愛されているか確認することだけを目的に生き、自分は何がしたいかわからなくなってしまいます。とくに思春期には大きな問題を抱えることになります。

愛されているのは当然で、**「あなたは大切な存在なんだよ」ということが伝わり、**人生のほかのもっと大切なことに頑張れるようになってほしいと思いませんか？

「親に愛されている」という実感は大切なことですが、長い間カウンセリングをしていると、「親に愛されていなかった」という学生に多く出会います。どれだけ親に愛されていないのか――ひどいことを言われたとか、されたという話をしてくれます。そして、その親に会う機会があったのです。どんなひどい親なのだろうと思って身構えていると、だいたい拍子抜けしてしまいます。とても子どもを愛しているのです。

そこで確信しました。**問題は親が愛しているかどうかということより、その愛が伝わっているかどうかなのだと。**関係性の欲求が満たされるには、子どもを愛していることだけでは不十分なのです。次の違いを考えてみてください。

- 子どもを愛していること
- 子どもに愛を伝えること
- 子どもが愛されていると感じていること

これらは似たように見えて別物です。

子どもを愛していない親というのは、ごくわずかです。でも、「親に愛されていない」と感じている子どもがたくさんいるのは、その愛が伝わっていないからです。これは深刻なことで、もったいないことです。親は伝え方を学ぶ必要があります。

自分の気持ちの伝え方と伝わり方

愛の伝え方には6つの方法がある

日本語がわからない人に、日本語で愛していると言って伝わりますか？

結婚カウンセラーのゲーリー・チャップマンは愛を感じる言語には個人差があるといい、著書『愛を伝える5つの言語』の中で「肯定的な言葉」「クオリティタイム」「身体的なタッチ」「サービス」「ギフト」という5つの愛の言語を提唱しました。

私はこれに「傾聴と非言語コミュニケーション」を加え、さらに6項目のすべてに**「無条件の愛」と「条件付きの愛」を意識することが大切**だと考えています。以上6項目の方法を、あなたのお子さんの言語は何かを考えながら読み進めてください。

①傾聴と非言語的コミュニケーション

子どもの話には、一生懸命に耳を傾けることです。子どものほうに傾くくらいに体を向けて目を見るのです。笑顔、相槌を忘れず、子どもの喋りを遮らずに聞き、自分の声のトーンを意識します。とくに思春期は不機嫌センサーが敏感なので要注意。

逆に、注意を払わない「ながら」で子どもの話を聞くとか、相槌もしないとかいう態度では思いが伝わりません。親に都合のいいときだけ話を聞くのでは、子どもに伝わる愛は条件付きになります。

②肯定的な言葉

子どもへの愛や肯定的な気持ちを、言葉で素直に表します。「大好きだよ」と直接伝えたり、「○○してくれてありがとう」と感謝の気持ちを伝えたり、子どものいいところや強みをフィードバックしてあげたり、「頑張っているね」と努力を認めてあげたり、「信頼しているよ」と言葉で伝えます。

また、親が間違ったら素直に謝り、親には受け入れにくい子どものネガティブな気持ちを、そのまま認めて共感するようになれば、無条件の愛が伝わります。とくに、「○○ちゃんのこと、とても好きだよ」「○○ちゃんはママとパパの宝物だよ」というような直接的な言葉がおすすめです。

脳の構造上、子どもは7歳頃までは目に見えることに注目しがちで、行間が読めず見えないものが理解しにくく、12歳くらいまでは抽象的なことを考えられません。「ご飯をつくってくれているから、仕事をしてくれているから、ママもパパも私のことが好きなんだ」と思うわけではないのです。

逆に、愛を言葉でまったく伝えない、感謝などせず当然のこととする、責めて弱みばかり指摘すると、愛は伝わりません。過程でなく結果や人格をほめたり、ネガティブな感情を否定したりするようでは、条件付きの愛が伝わります。

③クオリティタイム

これは一緒に過ごす良質な共同活動の時間です。親子どちらからも積極的に関わる行為で、テレビを見るなどの受身的なものではありません。トランプ、ボードゲーム、お料理、ハイキング、スポーツ、勉強などは親にも子にもそれなりの努力を要します。効果てきめんなので、ぜひやってみてください。それから「○○ちゃんの日」と決めて、子どものやりたいことを一緒にやるのもいいでしょう。とくに下の子が生まれたときに上の子とこの時間を過ごすと、赤ちゃん返りが減ります。

一緒の時間をまったく過ごさない、面倒臭そうに過ごす、一緒にいても心ここにあらずでほかのことを考えていると、愛は伝わりません。

④タッチ（スキンシップ）

スキンシップを求めるのは人の基本的欲求で、猿の実験で布のお母さんに赤ちゃんがなついたのは、このせいです。幼いときほど大切なので、意識してスキンシップをとりましょう。

わが家では10歳と11歳の子どもたちの足のマッサージは、今でもよくしてあげます。日本人は苦手な方もいるでしょうが、できるところから始めましょう。例えば、ハグ、マッサージ、膝に乗せる、だっこ、おんぶ、キス、こちょこちょ、手遊び、肩車、手を置く、背中をポンポン、お風呂に入って背中を流す……など。

スキンシップがまったくないと、愛されていないと感じるでしょう。いい子ならなでて、悪い子なら拒否したり叩いたりすると、条件付きの愛情として伝わります。

⑤サービス

生理的ニーズを満たす行動で、食事をつくる、保育園の送り迎え、家の掃除、お風呂に入れるなどです。赤ちゃんは自分では何もできないので、なんでもやってあげますが、最終的には自分でできるように、少しずつ教えていきます。

必要なサービスをまったくしないと、ネグレクトになります。悪い子だからおやつをあげないとか、悪い子だから家の外に放り出すと、条件付きの愛が伝わります。報酬や罰の中でも、生理的な欲求を用いると後々大きな心の問題につながります。

⑥ギフト（お祝い）

誕生日会やクリスマスなど、お祝いの儀式は大切です。**人は一緒に喜ぶ人たちとの間で絆を強めます。**プレゼントが愛の言葉の場合、値段や大きさとは関係なく子どもは喜びます。自分のことを考えていてくれたことに愛を感じるのです。そして子どものよいニュースを聞いたときに、こちらも一緒になって喜ぶと、絆が強まります。

お祝いやプレゼントが交換条件付きでないとか、何かの結果として自然に溢れでた場合は、無条件の愛が伝わります。逆に、100点を取ったら自転車を買ってあげるなど交換条件付きの場合は、条件付きの愛が伝わるでしょう。

愛の受け止め方は人それぞれ

親の関わり方には、「親が何かをすること」と、「**親が子どもに寄り添って見守ること**」の2種類があり、サービスやギフトは前者で、傾聴やスキンシップ、クオリティタイムなどは後者です。子どもは、後者に愛を感じることが多いので、自分の使っている愛の言葉を見直してみるといいでしょう。

そして、子どもはどんなときに嬉しそうにするか、子どもがよく自分に使う愛の言語を観察したり、あるいは子どもに直接聞いてみるのもいいでしょう。

愛の言語のテストは、ウェブ上で公開されています。私の家族は、夫と子どもたちはクオリティタイムとスキンシップが高く、サービスとギフトが低いのに対し、私はまったく逆でした。私は、人に世話を焼いてしまうし、会う人にミニプレゼントをあげたくなってしまいます。でも彼らは、私のするサービスやお誕生日のお祝いでは、それほど愛されていると感じず、満たされていないのでしょう。一緒に過ごす時間がなく、スキンシップが少ないと愛を感じられないので、注意が必要です。

親も忙しい中、**限られた大切な時間を相手が愛を最も感じる方法で使うと、みんなが幸せになれます。**

私の夫はアメリカ人ですが、私の母が遊びに来たときのコミュニケーションがとてもおもしろいのです。夫は拙い日本語で、母は拙い英語で一生懸命話します。2人とも相手の言語で話そうと一生懸命努力している姿に愛を感じます。

子どものよいニュースに反応しよう

よいニュースへの対応で関係がよくなる

多くの親は、子どもにいじめなど辛いことがあったとき、相談してほしいと願います。私がアドバイスを求められたら迷わず、「日頃から子どものよいニュースに関心を持って一緒に喜ぶこと」をすすめます。なぜなら、人はよいニュースに一緒に喜んでくれる人を信頼し、困ったときに話せる人のリストに入れていくからです。

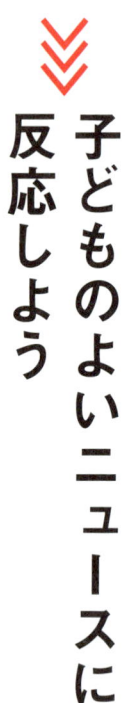

ポジティブ心理学では、**幸せにいちばん大切なものが「よいつながり」です。**カリフォルニア大学のシェリー・ゲーブルは、どんなときにつながりが強まるかを研究し、**相手の悪いニュースへの反応よりも、よいニュースへのあなたの反応が、相手との関係性の発展と継続の鍵**となることを発見しました。

例えば「僕、今日ヒットを打ったんだ！」と聞いた親の反応は、表のように4種類

★相手のよいニュースを聞いたときの反応

子どものニュースに
関心がある
（Active）

積極的
破壊的

関心はあるが喜んではいない。
ネガティブな言葉で台無しにする。
「これからプレッシャーが大きくなるね」

積極的
建設的

関心を持ち一緒に喜ぶ。 子どもに経験を話してもらい、 一緒に喜ぶ。
「すごい、 もっと聞かせて!」
=Active Constructive Responce（ACR）

子どものニュースを
喜んでいない
（destructive）

子どものニュースを
喜んでいる
（constructive）

関心もなく喜びもしない。 子どもの話を無視して自分の話題にすり替える。
「それより私に何が起こったと思う?」

消極的
破壊的

喜んでいるが関心はない。 静かなエネルギーでサポート。
「よかったね。 ところで宿題やったの?」

消極的
建設的

子どものニュースに
関心がない
（passive）

に分けられます。この分類に沿った対応策（ACR）の効果は高く、ペンシルベニア大学のレジリエンス・トレーニングやポジティブ・サイコセラピーでも使われています。2018年7月のセリグマンの来日講演でも話されていました。研究は主にカップルの間で行われましたが、誰との絆も強くします。

ゲーブルが2006年に、78組のカップルの反応を録画して分析した研究では、**ACRをしていたカップルは、親密性、信頼性、満足度が高く、1日の中で楽しくリラックスできる活動が多く、葛藤が少なかった**という報告です。また、ACRはとくに男性が学ぶと効果が大きいという指摘もありました。

また2012年のシューラーらの研究では、**ACRを1日3回意識した人は、1週間で幸福度が高まり、落ち込みが減りました。**とくに内向的な性格の人に効果的だったということです。

ACRは、子どものニュースが本当によかったと親が思っていること、親が子どもにとって何が大切なのかを理解していること、親が子どもの気持ちを大切にしていることなどのメッセージが伝わり、関係が深まります。

よいニュースをシェアすることを「資本化」といい、**人間関係に投資してその資源を最大化する**ことができます。

ACRはどのように人との関係性をよくするのか

ACRが人とのつながりを強めるメカニズムは、かなり奥深いものです。その特徴を3つにまとめてみます。

①弱みではなく強みをシェアしている

悪いニュースのシェアが当事者の弱みを浮き上がらせるのに対して、**よいニュースのシェアは当事者の強みをハイライトします。**それによって、自尊心や自己価値感が傷つけられるリスクが下がり、セルフイメージがよくなり、好きな人に対して有能でありたいという欲求も満たされます。

②ポジティブ感情が心理的・社会的リソースを構築する

好きな人によいニュースを喜んでもらうと、ポジティブな感情が再現され、何倍にも増幅します。**ポジティブな感情は視野、思考、行動を広げ、成長を促し、つながりを増やします。**第1章で紹介した「拡張・形成理論」です。

また、親子双方のポジティブ感情を高め、**その関係性への満足度を高め、絆を強め**

ます。その絆が、いつか来るであろう辛いときに役立つのです。

③ソーシャルサポートシステムを試す「安全」な機会である

長い間、よい関係とは「辛いときにそばにいてくれる人」だと言われてきました。それはサポーターになるからなのですが、辛いことは人に言いにくかったり、時に相手に嫌われないかというリスクを生みます。

これに対してよいニュースをシェアすることは、辛くないし緊急サポートも必要ないときに、相手との関係を試す安全な機会です。**よいニュースを喜んでくれたら、自分を大切に思ってくれているサイン**で、悪いニュースのときもシェアしやすくなります。とくに自尊心や自己価値感が低い人には効果的です。よいニュースをシェアすることで、ソーシャルネットワークの大きさや質を試しながら高めているのです。

3・11の大震災が起きたとき、いちばん初めに安否を確認したいと頭に浮かんだ人は誰だったでしょうか？　ポジティブ心理学では、**ネガティブな感情（不安や怒り）は、差し迫っている危険から身を守るために必要で、ポジティブな感情は、今一緒にいる人たちとの絆を強め、将来起こりうる危機に備えている**と考えます。

お子さんやパートナーが「ねえねえ、聞いてー。あのね、今日ね……」と、よかったことを話し始めたときがチャンスです。そのときは「よかったね」で終わらせず、「なになに？　すごいじゃない！　もっと聞かせて」と一緒に喜び、関心を持って反応してください。

手を止めて相手を見て、そのいいニュースを一緒に味わう質問をいろいろしてみてください。「聞いたときにどう感じたの？」「あなたの何が認められたのかな？」「なんでそんないいことが起こったんだろう？」というように。

ある日、野球の試合で、息子が初めてホームランを打ちました。夫からメールで速報が入り、息子が帰ってきたとき、玄関で待ち構え、ハグしてくるくる回りました。息子は、「やっぱりね。きっとママはハグすると思ったよ」と言いました。そして「打ったときどう感じたの？　みんなの反応はどうだった？　どうして打てたんだろう？　勇気を出して振ったんだね」と一緒に喜びを味わいました。

こちらから「今日よかったことは何？」と聞いて、ＡＣＲを積極的に使ってみましょう。きっと絆が深まり、この先訪れるかもしれない困難を乗り越える力になります。

大切だけど怖いのがオキシトシン

信頼関係を結ぶ正体はオキシトシン

愛の言語を使うときに（相手に伝わるときに）体内で放出されるのが、信頼を結ぶホルモン、オキシトシンです。オキシトシンスプレーというのがあり、鼻から吸引すると、その人は目の前の人を信じやすくなるのです（外から入れると体内で分泌されにくくなるので、おすすめしませんが）。

親と子どちらにもオキシトシンが出ていると、信頼関係が強まります。目をじっと見つめ合っても、気持ちに共感してもらってもオキシトシンは出ますが、とくに分泌されるのはスキンシップのときです。ですからスキンシップは子どもが小さいときほど大切です。

母親は、出産時や授乳中にこのオキシトシンが大量に放出されるので、わが子を可愛く感じやすいのです。人間の体はよくできていると感心してしまいます。

★オキシトシンはウェルビーイングに影響する

オキシトシン →	**心理的健康**	安心する、信頼する、勇気がわく
	身体的健康	心臓血管が修復される、ストレス反応が和らぐ
	社会的健康	信頼関係が強まる、人に優しくなる、 （一方で、育児に協力しない人に攻撃的になる）

上の表にあるように、**オキシトシンの人を幸せにするパワーとウェルビーイングへの効果は計り知れません。**30秒のハグでストレスは3分の1になるとも言われています。

では、出産も授乳もできない父親はどうでしょう。母親ほどは信頼関係を築けないのではないかと心配になるでしょう。でも研究では、ある方法で母親と同じレベルまでオキシトシンレベルが上がることがわかっています。

その方法とは、ズバリ「**子どもを触ること、世話すること**」です。とくに幼いときほど大切です。子どもが生まれたら、奥さんを実家に送ることを考えるより、ぜひ出産休業や育児休業を使って、子どもに触れ、お風呂に入れ、オムツを替えてあげてください。強い絆が結ばれます。子どもとの一生の関係がいい方向に向かっていきます。

パパは要注意！　本当は怖いオキシトシン

オキシトシンはいいことばかりのように感じますが、実は落とし穴もあります。**オキシトシンは、育児をうまくやっていけるように出るホルモンなので、育児に協力的でない対象に向かっては攻撃的になる**のです。

子どもが生まれてから数年の間に離婚がいちばん多いのはこのためでしょう。自分では何もできない赤ちゃんを抱き、嬉しい気持ちと、この子を育てていくというとほうもない責任を、母親は同時に感じます。

親が2人いるのは理由があることです。この時期に、**パートナーが仕事などで育児に協力的でないと、子どもの健やかな成長を邪魔するものとして、このパートナーは「敵」となる**のです。

出産後、妻がイライラして人格が変わってしまったと思うパートナーがいたら、ぜひ育児に協力的な態度を示してあげてください。『子どもが育つ条件』で家族心理を研究する柏木恵子氏は、「乳幼児を持つ労働者は（その期間に限り）男女とも残業を禁止する」というアクションプランを提案しています。

このオキシトシンの作用を理解して、生まれてから数年をもっと意識して協力すれば、母子家庭も減るでしょう。

私自身も、夫の勉学の道を応援し、息子が1歳から1歳半までと、娘と息子が2歳と3歳のときの10カ月はワンオペ育児でした。自分で選択したとても辛い時期でしたが、そのときの恨みが今でも時々出てきて、処理に困ります。

このことを知っていれば、この時期を経済的な困難はあっても、一緒に過ごすことを選択していたと思います。

第4章

自分自身との関係をよくする方法

～自己肯定感を高めようとしなくていい～

自尊心には罠が潜んでいる

「自分が好き」が評価されてきた

子どもの自尊心、自己肯定感を高めたいというのは、多くの親の願いでしょう。これは、**「自分が好き」という気持ちで、幸せな子どもに欠かせない**ものです。英語ではセルフエスティームといい、要するに、自分に対する全般的価値感、自己受容感、自己尊重の感情をさします。自尊心と自己肯定感は、ここでは同義として扱います。

自尊心の高さは、子育てでもっとも大切なもののように言われていますが、注意しないと、時に害になります。よく理解した上で、高める方法を知りましょう。

1969年にサイコセラピストのナサニエル・ブランデンが、セルフエスティームの本を出版し、多くの研究者が「自尊心が、成功、心理的健康、幸せ、人の成長に関係している」と報告し、それを獲得する方法、高める方法、維持する方法に関する雑誌や書籍が相当数出版されました。

カリフォルニア州では、子どもたちの自尊心が高まれば、学業不振、いじめ、犯罪、若年妊娠率、薬物中毒が減り、長期的には税収が上がると考え、20万ドルもの予算がつけられました。自尊心ムーブメントと呼ばれる流れです。

その結果、**子どもの自尊心は高まりましたが、それに伴うはずの効果は出ませんでした。**学業成績、職場での業績、リーダーシップ力を高めることはなく、子どもの喫煙、飲酒、ドラッグの使用、性交渉率を下げることもありませんでした。

なぜ結果が出なかったのでしょうか?

自尊心は害になることもある

そこで、心理学者のロイ・バウマイスターが、それまでの研究を分析し、2002年にその効果を否定しました。問題は大きく分けて、次の4つだと指摘したのです。

①アンケートに主観性がまじっていた

自尊心の高い子どもは、自分が人気があるとか、友達が多いと答える傾向があるけれど、第三者に客観的な意見を聞くと、それほどでもなかったのです。アンケート結果がインフレを起こしていたのです。その子がどう思うかではなく、親、先生、友達からの客観的なデータも必要でした。

②「自分が好き」には2タイプあった

第1のタイプは、自分が好きな理由が「比較」からくるものです。自分が世の中の平均以上だから優れているという評価で、自信と似ていますね。この場合は、自分よりできる人が現れたり、失敗して平均以下と感じると、自己価値感が崩れ、とても不安定です。「条件付きの自尊心」といえます。

第2のタイプは、自分が好きな理由が、**よいところも悪いところも含めて受け入れている「自己受容」**からきています。自分よりできる人やかわいい人が現れたり自分が失敗しても、自己価値感は揺るがないので安定しています。

この2つはまったく別のものなのに、混在して研究しているため、正しい理解につながりません。本書では間違いが起きないように、「条件付きの自尊心」と「条件付きでない自尊心」と分けて呼ぶことにします。

自尊心ムーブメントが間違っていたのは、この第一のタイプを高める方法が使われたからです。自己イメージを高めるために根拠のない賞賛をしたり、ほかの人と比較してできていると言って安心させたり、自己イメージを下げないように勝ち負けをつけることを避けたり、実力以上の成績をつけたりしたのです。日本でも一時期、徒競走で手をつないで、みんな一緒にゴールするなどの光景が見られましたね。

根拠のない賞賛は、子どもに実力以上の力を持っていると勘違いさせ、ナルシシズムを助長することがあります。自尊心の高い人の中には、できていない人を見下したり、集団内のメンバーは好むけど集団外の人に偏見を持ったりして、自尊心の低い人と同じくらいか、それ以上頻繁にいじめをする人がいるのです。

また、「自分はできるから自分を好き」だと思っていると、できないことを受け入れられません。できなかったらどうしようという不安が生じ、カンニングすることも。**自尊心が高いからといって、よい行動をするわけではない**のです。

日本で「自尊心」や「自己肯定感」が大切だという人は、「条件付きでない」ものの意味で使っている人が多いようです。でも、これを直接高めようとして「条件付き」のほうを高める方法を無意識のうちに使ってしまい、結果として危うい自尊心が育つことがあるので注意が必要です。

③自尊心が高いのは幸せ・成功の結果であって原因でないことが多い

多くの研究は、ある時点での自尊心の高さと、成功・幸せの高さのデータをとって両者の関係を見るのですが、両者が同時に高い傾向にあるだけで、鶏と卵のようにどちらが原因でどちらが結果かはわかりません。このことを「相関研究」とか「横断研究」と言います。それなのに、自尊心が高いことが成功や幸せの原因と考えて、ならばそれを高めようとやっきになるのは問題です。

少数ですが、ある時点の自尊心と成功度を計測し、それが数年後の自尊心と成功にどう関係しているかという調査があります。結果、**前の自尊心は後の成功を予測していなかったけれど、前の成功はのちの自尊心の高さを予測していました。**

④よい親子関係が自尊心と成功・幸せ両方を高める

相関研究では、2つの間に関係があることがわかるだけで、原因と結果はわからないと言いましたが、まったく関係のない3つ目の要因が両者を高めている場合もあるのです。例えば、アイスクリームの消費量と、水難事故の数は相関しますが、アイスクリームを食べたから水の事故に遭うわけではありませんね。そこには第3の要因「高

★自尊心と幸せ・成功との関係

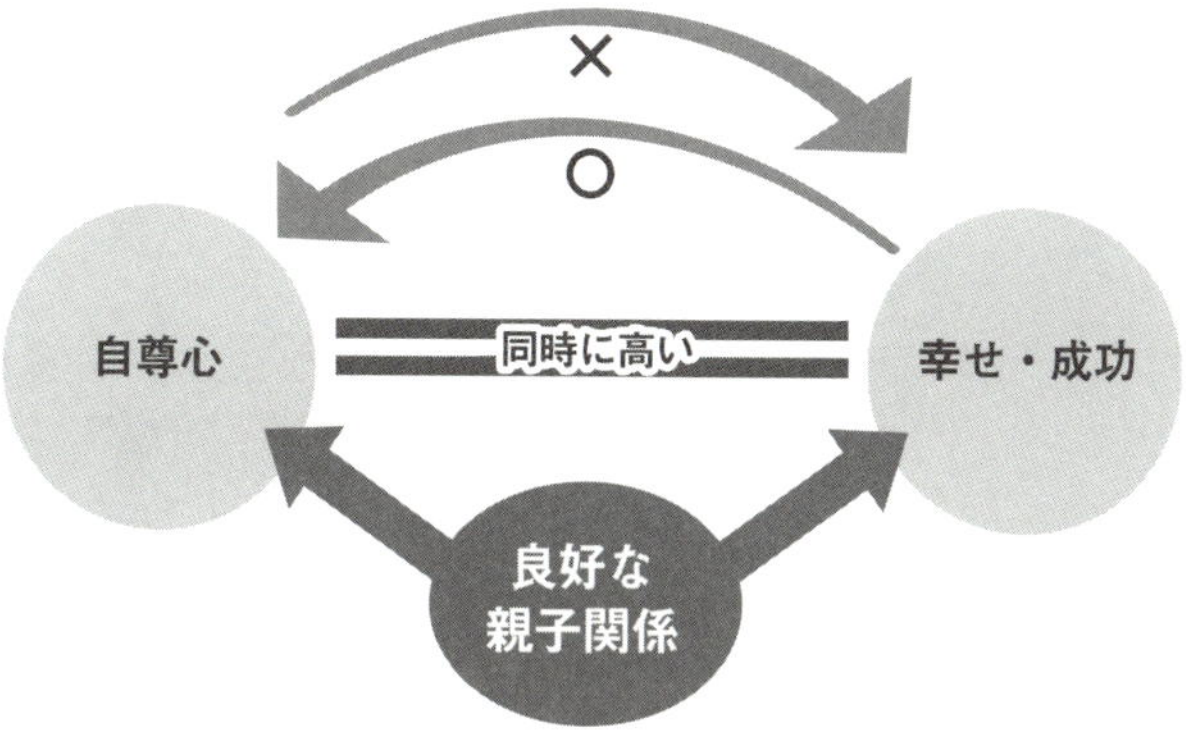

い気温」があるのです。

幸せ・成功と自尊心の両方を高めている第3の要因と考えられるのが、「よい親子関係」です。いちばん大切な親が、自分のことを無条件に好きでいてくれるのですから、自分は価値がある人間に違いないと感じ、自分でも自分が好きになるのは自然なことです。

条件付きの愛情が伝わると、条件付きの自尊心が育ち、無条件の愛情が伝われば、条件付きでない自尊心が育ちやすい。**自尊心を高めようとするより、良好な親子関係を築くと、子どもは幸せになり、成功し、よい自尊心も自然に高まる**のです。

親の批判が子どもをダメにする

親の批判は自尊心を傷つける

子どもの精神障害を扱っていたソニア・ルーサーは、私が彼女から学んでいた2002年頃、貧困地域の子どもたちを主に研究していました。彼らはストレスが高く、精神障害を発症するリスクが高いと考えられていたからです。

しかしその10年後、彼女の研究対象は裕福な子どもたちに変わっていました。貧困地域の研究を発表していたら、裕福な地域の親たちから「子どもたちのストレスがとても高いので調べてほしい」と頼まれたからです。

調べてみると、ストレスはかなり高く、アルコールやドラッグの問題も多かったのです。貧困地域では自己防衛のためにナイフなどを持ち歩きますが、裕福な地域では、危くもないのに武器を持ち歩く子どももいて、心の深い闇を感じたそうです。

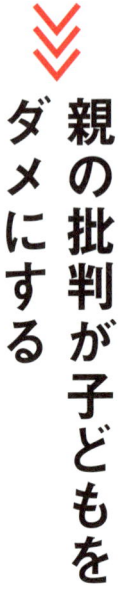

★親の批判は子どもの自尊心を傷つける

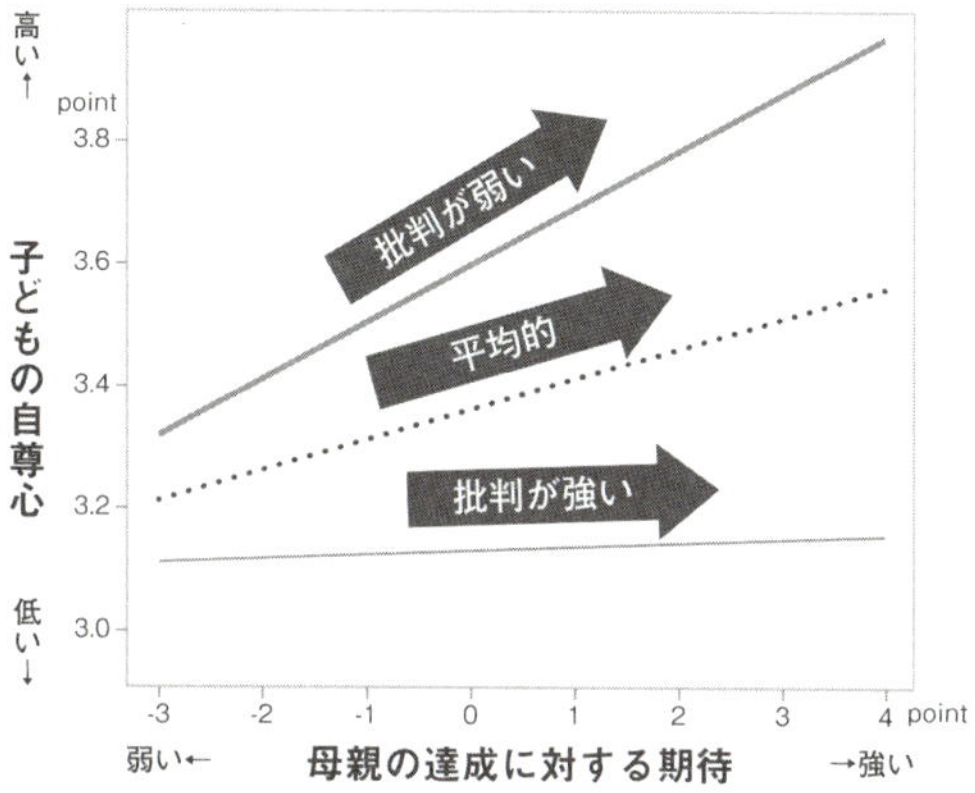

[Ciciolla & Luthar ら 2018]

そのときアメリカの中学1年生500人を調べたところ、親が「(自分のように)成功しろ、弁護士になれ、医者になれ、いい成績をとっていい大学に行け」というように「達成」だけに価値を置いているときに、子どもたちのストレスが高まるという傾向がでたのです。皮肉なことに、このような親の子どもは成績がかなり悪く、学習上・行動上の問題も多くありました。

しかし達成への期待と同時に、**「向社会的」という価値、例えば「優しい子になってほしい」「人のためになれる子になってほしい」という気持ちを併せ持っている場合は、心理問題や問題行動は少なく、成績も自尊心も高い傾向がありました。**

この結果は一見、子どもに「プレッシャ

ー」を与えてはいけないと言っているようですが、**害が大きいのは子どもが親から「批判」を感じていること**だったのです。親から責められていると感じた子どもは、期待の高低にかかわらず自尊心が低く、そう感じていない子どもは、期待が高くても自尊心は高かったのです。

「あなたはできる」と信じていて、だけどできないときでも批判しないのが、無条件の愛というものです。ですから、子育てには「子どもを信じる気持ち」「無条件に愛する気持ち」の両方が必要なのです。批判・非難が強いと「統制的子育て」になり、期待が高くても非難しない子育ては「支援的子育て」になります。

子どもを非難せずにいることは、時に難しく感じるでしょう。そんなとき、親は何ができるのでしょうか？　代わりにできる支援の方法を紹介します。

批判しないで支援する方法がある

①悪いことを人格のせいにしない

子どもの部屋が散らかっているとき、「あなたは、なんてだらしないの！」と叱ると、人格を責めることになりますが、「部屋が片付いていないわね」と言うと、行動や状況の問題になります。

これを「非暴力的抵抗」といい、非行少年への対応にも使われます。相手に伝わるメッセージは**「あなたのことは愛しているけど、あなたのしていることは好きではない」になります。相手は行動を変えられるので、希望が持てます。**

ここでの注意点は、日頃よく使う「あなたはなぜ、いつも〜」の「いつも」です。これは自動的に人格の全否定になるのです。人格はすぐには変えられないので、相手は無気力になり、それが怒りにも発展していきます。

②「あなた文」でなく「わたし文」を使う

「あなた」を主語にすると、相手は責められていると感じるので、**責めたい気持ちの裏側にある本当の気持ちを表現します。**怒りはさまざまなネガティブ感情を覆っているマスクのようなものです。その内側には、悲しみ、裏切られた気分、罪悪感などが隠れていることが多いのです。

例えば、子どもが連絡もなく帰宅が遅くなったとき、「連絡もしてこないなんて、ひどい子ね。どれほど心配したと思っているの！」と叱り飛ばしますか？　あるいは「本当に思いやりのない子ね。帰ってこないで外で寝てればいいのよ！」と過激に言ってしまいますか。これ、どちらも「あなた文」ですね。

そうではなくて、その**内側にある感情を素直に表します。**「夜11時を過ぎているわ。連絡もなくて遅くまで帰ってこないから、何かあったのではないかと心配で、何も手につかなかったのよ」――これだと、受け手の印象がだいぶ違います。

講座でこのロールプレイをすると、子ども役の人は「あなた文」で言われると反発心が湧き、「わたし文」だと「ああ、親を心配させていたんだな。これからは気をつけようと思う」と感想を述べる方が圧倒的に多いのです。

コミュニケーションには人生の立場が出ると言われ、自分と相手を大切にするかしないかで、次ページの図の4つのタイプがあります。

日本人は「自分を大切にしないで相手を優先する受身的」と、逆の「自分だけを大切にして相手を大切にしない攻撃的」のコミュニケーションを考えがちで、人を傷つけたくないから前者をとる人が多いのです。

「わたし文」はその中間で、**どちらも大切にする「アサーティブ・コミュニケーション」**の技法のひとつです。双方が納得する客観的事実（11時過ぎに帰ってきた。連絡がなかった）を述べ、自分がどう感じたか（とても心配だった）を表現するのです。

★人生の立場がコミュニケーションのタイプに出る

③暴力的なセリフは使わない

これは、「非暴力的コミュニケーション」というスキルです。「あなたが○○すると（または○○という状況では）、私は○○（ネガティブな感情）だけど、あなたが○○をしてくれたら、私は○○（ポジティブな感情）だわ」となります。

先ほどの例を言い直すと、「あなたが連絡をくれなくて、11時まで帰宅しないと、私は何かあったのではないかと心配になるの。これから遅くなるときは電話で知らせてくれたら安心する（うれしい、助かる）わ」。**親からの批判は子どもの自尊心を傷つけます。**これからは、こういう話法を使ってみてください。

自分への思いやりを大切にする

セルフコンパッションはいいことばかり

親が子どもを批判すれば、いずれ子どもは自分で自分を批判するようになります。安定した条件付きでない自尊心を育てたいのなら、自分への思いやり（セルフコンパッション）を意識してください。ただ、今の社会では自尊心に目がいって、セルフコンパッションの大切さが問われることは少ないようです。

ところで、あなたの大切な友達がひどく落ち込んでいて、心からなぐさめてあげたいとき、どのような言葉をかけて、どんな行動にでますか？　そして、自分がひどく落ち込んでいるとき、自分にどんな言葉をかけて、どんな行動にでますか？

この２つの質問の答えは同じでしたか？

セルフコンパッションとは、大切な人を思いやるように、自分を思いやることです。

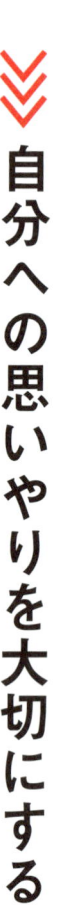

もともとは、マインドフルネスと同様に、苦しみからの解放に関わる仏教思想で、テキサスオースティン大学のクリスティン・ネフが先頭を切って研究してきました。コンパッションの字義は「共に苦しむ」で、慈悲や思いやりと訳されます。これには「人に与えるもの」「人から受け取るもの」「自分が自分に与え、受け取るもの」の3つの形態があり、最後の形がセルフコンパッションです。

セルフコンパッションが高いと、心理的・身体的・社会的ウェルビーイングのすべてを高めます。とくにうつ症状と不安感情を減らし、幸福感、楽観性、ポジティブ感情を高めます。また、自分自身への思いやりでオキシトシンが分泌されて、体調が改善し免疫力が高まります。さらに、人とのよいつながりを持つことができ、困ったときに人に助けを求めることができ、学習への内発的なモチベーションも上がるのです。

セルフコンパッション3つのコツ

セルフコンパッションには、「マインドフルネス」「人としての共通性」「自分への優しさ」の3つの要素があります。ネフは、この3つの入口のどこから入ってもいいと言っていますが、私はこの順番で考えるとわかりやすいと思います。

【ステップ1】マインドフルネス

一般にマインドフルネスというと、「いま・ここ」に注目することを言いますが、セルフコンパッションの領域では、ネガティブ感情や困難をあるがままに受け入れることです。これには、無理に押さえつけないこと、強調しすぎないことが含まれます。

空に浮かんでいる雲を眺めるように、ネガティブな感情が湧いてきたときでも、ただそれを眺めている感覚です。**「ああ、自分は今、悲しいと思っている、怒っている、嫉妬を感じている……」**というように。

この逆は、過度の一致や反芻です。ネガティブな感情に巻き込まれたり、暗い感情を何度も思い出してひたるのは、うつへの入口にもなります。

【ステップ2】人としての共通性

これは、**「苦しみは人間であれば誰でも経験するもの。人間は不完全で間違いや失敗を犯し、弱みを抱えているもの。だからこそ人はつながり合っている」**と感じることです。人間なら誰にでも起こることだから、苦しみとしないのです。「だって、人間なんだもの」という感覚ですね。

セルフコンパッションが自己受容と違うのは、「つながり」の感覚です。逆は孤独

★セルフコンパッションの3つのコツ

3つの要素	考え方	次の行動例
マインドフルネス	ネガティブな感情や困難をそのまま受け止める。	「悲しいのね」「悔しいのね」と気持ちをそのまま認める。
人間としての共通性	人は不完全だからこそつながりあっていると考える。	「そういうこともある、 あなただけではない」と慰める。
自分への積極的な優しさ	大切な人にしてあげたいことを自分に置き換えて考える。	その答え(優しさ)を行動に移す。

や比較で、人との違いを探して比べ、自分だけが苦しんでいると感じることです。

ネフは息子が自閉症で、なぜ自分だけと感じていたそうです。でもある日、公園でほかのママたちを見て、それぞれが子育ての苦しみを抱え、みな同じようにわが子の幸せを願っているんだと気付いたそうです。**違いより共通性**を見たのですね。

私は、ポジティブ心理学を知って、「人に親切にしよう」と思うようになり、行動を変えると感情も変わり、自分以外の人やもの、今では地球にまで愛を感じるようになりました。せっせとプラスチックゴミを減らす努力をしています。

時々「あなたは私、私はあなた」という境界線を、あまり感じなくなることがあります。戦争の話を聞くと娘は、「私たちは地球という国に住んでいる市民なんだよ。人種の違いで喧嘩しなくていいのにね」と言います。世界は一つなのです。

【ステップ3】自分への優しさ

セルフコンパッションは、ここで終わりません。ネガティブな気持ちをそのまま受け止め、人間としての共通性とつながりを感じたら、次は自分への**積極的な優しさを「行動」に移す**ことです。

まず、大切な人にしてあげたいことを自分にしてあげます。自分の幸せのために、何をしますか？　ゆっくり休みますか？　おいしいお茶を飲みますか？　お昼寝をしますか？　誰かに話を聞いてもらいますか？　マッサージに行きますか？

この逆は、自己批判です。自分で自分を責めるのです。ただでさえ辛いことがあって心が傷ついているのに、それをした自分、ネガティブな気持ちを感じた自分を批判することは、傷に塩を塗りこむようなものです。

人が自己批判をするのは、社会的動物である人間が、何か間違ったことをしたとき、人より先に自分を責めることで、人との関係が壊れないようにしようとする無意識の

自己防衛と考えられます。

ただ、それは現代では役に立たないことのほうが多いでしょう。私も、子育てが辛かったとき、それ自体が辛いのに、そう思う自分を責め、仕事も家庭も完璧にできない自分を責め続けていました。改善したことは何もありませんでした。

子どもにはタイムアウトよりタイムイン

子どもにも、この3つの要素で関わってみましょう。子どもが悪さをしたり、辛いことがあって泣いていたりしたら、突き放して一人で考えさせるタイムアウトよりよっぽど効果的です。子どもを膝に乗せたりして距離を縮め、話をしっかり聞きます。

そして、**気持ちをそのまま受け止めて共感し（マインドフルネス）、「人間だからそういうこともある、あなただけではないのよ」と慰め（人間としての共通性）、「あなたが少しでもいい気持ちになるためには、何が必要かしら?」（積極的な優しさ）と一緒に考え、それをやってみるのです。**

セルフコンパッションを育てる

セルフコンパッションの効果は抜群

ここまで説明しても、まだ自分を思いやるということが、自分を甘やかしているように感じる方のために、セルフコンパッションの効果のエビデンスを2つ紹介します。

①苦しいときは自尊心よりセルフコンパッション

難しいテストで悪い点をとったとき、2度目のテストのための勉強時間を測ったバークレー大学の研究です。

ランダムに選んだ学生の半分に「バークレーに入ったのだから、あなたは賢い」と声をかけ（自尊心グループ）、もう半分の学生には「テストに失敗するのは、あなただけではない」と声をかけました（セルフコンパッショングループ）。次のテストのための勉強時間が長かったのは、セルフコンパッショングループだったのです。

子どもが何か失敗をしたとき、「あなたは賢いから、やればできるから心配ない」と励ますより、**「その失敗をするのは、あなただけではない」と言ってあげたほうが、やる気が起きる**ということです。

②自分を責めるよりも許して思いやる

ルイジアナ州立大学とデューク大学では、ダイエット中の女性を集めてドーナツを一杯の水とともに食べてもらいました。水を添えたのは、お腹が膨れてウエストがきつくなる感覚を味わってもらうためです。ウエストがきつくなると罪悪感を覚えやすいのです。

そのあと、参加者の半分には、「ドーナツをたくさん食べたせいで、罪悪感を覚える方がよくいるのですが、あまり自分に厳しくしないように。誰だって自分を甘やかすこともあるのですから」と慰め、もう半分にはなんの声もかけませんでした。

その後、目の前にあるお菓子をどのくらい食べるかを測ったのですが、慰められた人たちは28ｇしか食べなかったのに対して、そうでなかった人たちは70ｇ食べました。**責められるよりも慰められるほうが、そのあとの行動がよくなる**のです。子どもたちにはぜひ、自分を責めるより、自分を思いやることを学んでほしいのです。

子どもの気持ちに共感してあげる

子どもとの関わりで大切なのは、「共感」です。親も同じ気持ちであるという「同感」とは違い、子どもが思っていることをそのまま認めることです。子どもが「○○ちゃんが嫌い！」と言ったとき、あなたは「そんなこと言うものじゃありません。あの子はいい子よ」と言ったこと、ありませんか？

子どもは自分の感情を否定され続けると、自分のネガティブな感情を否定するようになります。セルフコンパッションの入口であるネガティブな気持ちを、そのまま受け入れることができなくなってしまうのです。

そうではなく、その気持ちをそのまま受け止めて、「○○ちゃんのことをよく思っていないのね、何かあったの？」と聞いてみてはどうでしょう。気持ちを受け入れてもらうと、子どもは自分でその気持ちを処理して、自分で次へ進めるものです。

アメリカに住む日本人の子どもは、週末に日本語学校に通うことが多いのですが、息子が小さい頃、日本語学校の宿題をしながら、「僕は週6回も学校に行かないといけないんだよ」と言ったことがあります。そのとき、とっさに「何言っているの、日本人の子はみんなそうよ」と否定してしまいました。

しばらくして、息子がまた同じことを言ったときは、その気持ちを認めようと思い、息子の心の内を想像してみたら、「お休みの日が少なくて悲しい、頑張っていることを認めてほしい」という気持ちに行き当たりました。

それで、「そうか、あなたは友達よりお休みの日が少なくて悲しいんだね。本当に頑張っているね」と言ったのです。すると、息子はぽかーんと私のほうを見て、しばらく考えていました。そして、宿題を再びやり始め、ささっと終わらせて遊びに行きました。それ以降は同じことを言うことはありませんでした。「ママはわかってくれた」と思えたのでしょう。

子どもの気持ちを認める親は、子どもへのよい影響が顕著で、ＩＱもＥＱも高まります。子どもが「わかってもらえた」と感じ、親子の絆が高まり、子どもが自分のネガティブな気持ちを受け入れられるようになるので、マスターしてほしいスキルです。

自分への愛の原泉を育ててあげる

辛い時期こそセルフコンパッション

子ども時代にセルフコンパッションを育むことは、とても大切です。**環境がよいときは、自尊心だけが高くても幸せに生きていけますが、環境が厳しいときは、セルフコンパッションが低いと苦しい経験をする**でしょう。

私は母子家庭で育ち、中卒で大検をとり、朝晩働いて貯金をしてニューヨークに渡りました。自尊心も自己効力感も極端に低かったのですが、勉強してみると結果がついてきて、認めてもらった先生方のおかげで、自己効力感が少しずつ育ち、そのうち条件付きの自尊心が育ちました。

英語がまったく話せない状態で渡米しましたが、大学の成績はオールAで、ネイティブの学生よりも早く4年弱で首席で卒業しました。その頃は、私は何をやってもできると思っていました。達成や比較からくる自信、条件付きの自尊心がついていたのです。自尊心や自己効力感の低さを乗り越えたと思っていました。

よい時期はそれで結構幸せでした。ただ、つながりはつくりにくかったのです。自分よりできるという自信家の相手とは、友達になりにくいですよね。

また、自己効力感が高い一方で、条件付きの自尊心が傷つく失敗しそうなことにはチャレンジしませんでした。ノンネイティブの自分が進学するためには成績がよくなくてはいけないと、Aをとることが目的となり、哲学や物理などの苦手な講義は避けました。

そして、人生の辛い時期がやってきて、崩れてしまったのです。**条件付きの自尊心は、状況が悪化すると脆いものです。**誰の人生にも辛い時期というのが来ます。私にとっては、それが「子育て」でした。

1人目のときは大丈夫でしたが、2人目が生まれ、夫はアメリカ、私は秋田で、一人働きながら2人を育てていました。本当に辛く、あの頃は子どもたちに手をあげてしまうこともありました。本当に申し訳なかったと思っています。

条件付きの自尊心で生きていた私は、人に弱いところを見せられず、できないと言えず、助けを求められず、孤立していきました。私のセルフコンパッションが高かったら、きっと夫について行ったか、周囲に助けを求めていたでしょう。

仕事も母親業も博士論文も完璧にしたい。でもできない自分が嫌で、焦りがつのり、そのかたまりを子どもたちにぶつけていたのです。**子どもに支援的に関わるためには親のよい状態が不可欠で、その鍵となるのがセルフコンパッションなのです。**

自分が満たされるとまわりも満たされる

うまくいかない状況になったとき、多くの人が陥る罠が「うまくいかないのは自尊心や自己肯定感が低いからだ」とし、資格を取りに行ったりして平均以上を目指し、その達成と人との比較で自信を得ようとする悪循環に陥ってしまうことです。よく見かける悲しい光景です。その循環を次ページに表しました。

本当に必要なのは、自分への思いやりなのです。人は不完全であることが完全なのです。条件付き自尊心の原動力は、うまくできないと人から嫌われそうだという「恐れ」です。でも**セルフコンパッションの原動力は、自分やまわりに対する「愛」です。**自分が何かをするのは、恐れからなのか愛からなのか、考えてみたいものです。

★自尊心とセルフコンパッション、どちらを求めるか

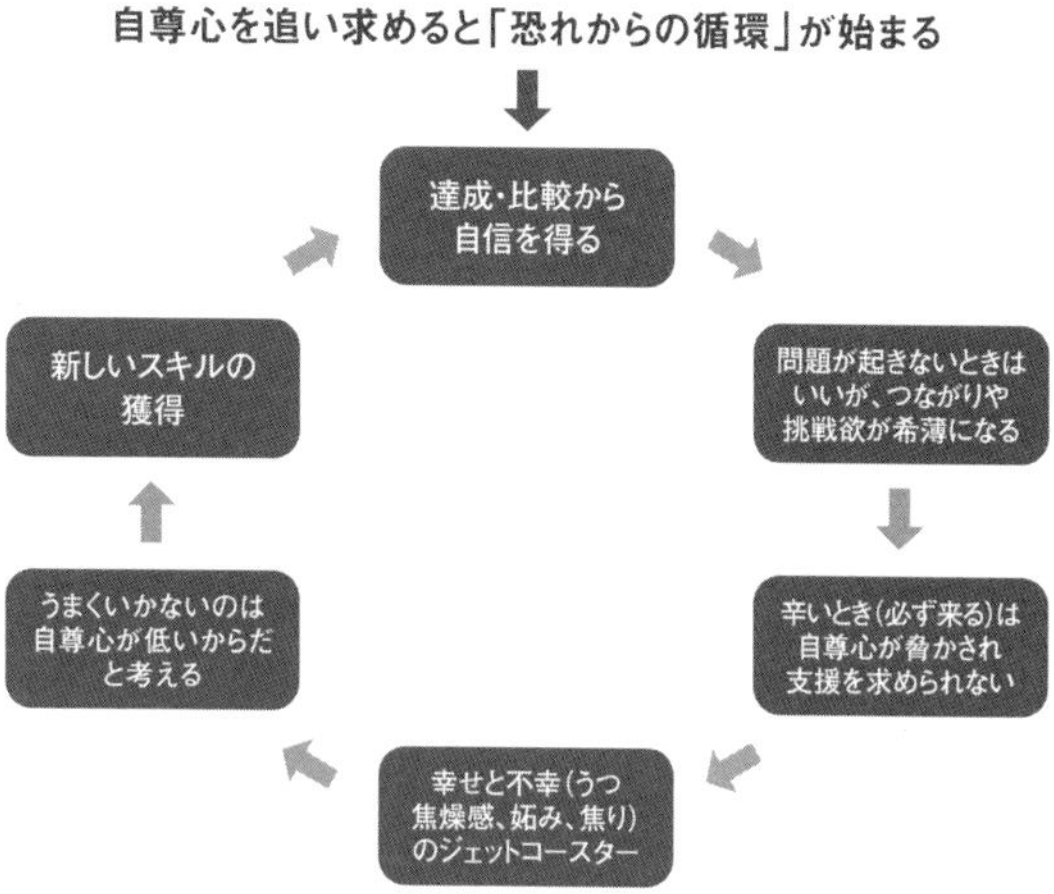

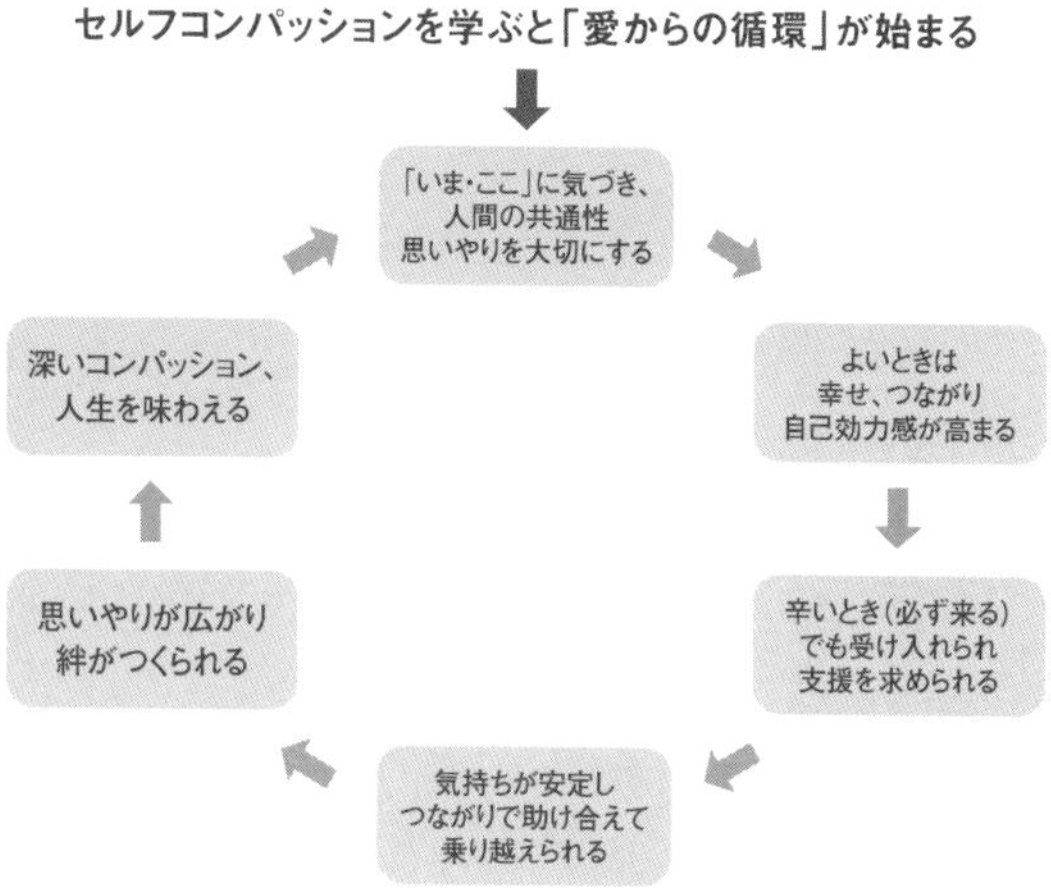

私は幸運にもセルフコンパッションに巡り会い、人生がぐっと楽になりました。**弱さは人間なら誰にでもあるもの。弱いところを見せられるようになり、人に助けを求められるようになると、その人たちも私に助けを求めてくれるようになりました。**

子どもを迎えに行けないときはお互いに頼みあい、そのうち多くのつながりができ、人生が豊かになりました。自尊心を高めることにやっきになっていたときには得られなかった、穏やかで染みわたるような幸せです。

「日本では結婚しない人が増えていることを、どう思いますか？」と聞かれたことがありますが、自分の弱みを見せられない人が多いからではないかと思います。

前述のブラウンは、ネガティブな感情の質的研究から、次のことを発見しました。**よいつながりを持っている人と持っていない人のたった一つの違いは、「自分がつながりに値する」という自己価値感を持っているかどうかで、この自己価値感を持っている人と持っていない人のたった一つの違いは、自分の弱さを受け入れられているかどうか**だったのです。

「よいところも悪いところも含めて、自分のことを好きな気持ち」が、無条件のよい

★あなたが満たされると、みんなが満たされる

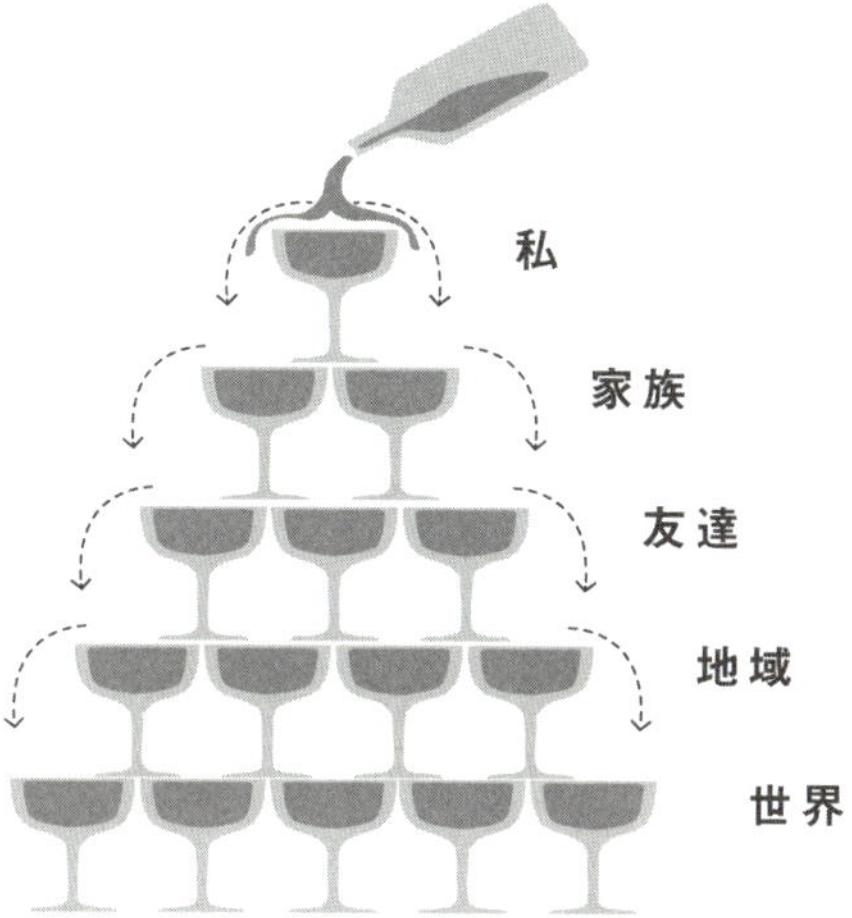

セルフエスティーム（自尊心）で、これはセルフコンパッションの２つ目の要素、「人間としての共通性」からくるものです。「人間はみな不完全」が当然だからです。**「ここに存在するだけで、あなたは尊い」というメッセージが、子どもたちに伝わるように願っています。**

セルフコンパッションのイメージは、シャンパンタワーです。いちばん上の自分のグラスにシャンパンをたっぷり注ぐと、こぼれ出して下の家族グラスに注がれます。それがいっぱいになると、そのまわりの人たちへと広がっていきます。セルフコンパッションを学び、**まず自分が満たされると、それがまわりに広がっていきます。**

ついつい、人からの承認や愛を求めて行

動してしまうけれど、**自分で自身の愛のタンクは満たせるのです。辛いときでも、愛の源泉となるのです。**そして子どもは親の背中を見て育つので、まずは**親自身が自分を思いやる態度を見せていく**ことが大切です。

私の講座でも、セルフエスティーム（自尊心）やセルフエフィカシー（自己効力感）は高いけど、セルフコンパッションは低いという方が多くいて、これはチャレンジだと感じる方もたくさんいます。頑張れても、人に頼ったり自分に優しくするのは難しいのです。

私はあの子育ての暗黒時代のことを、子どもたちに何度も謝りました。私と同じことを繰り返す人たちが少しでも減ってほしいと思っています。

幸せな人と不幸な人のたった一つの違いは「よいつながりがあるかないか」で、幸せな人には一人残らずよいつながりがあります。

ポジティブ心理学をひとことで表すと、「People Matter」（人が大切だ）と言われるほどです。**よい親子関係ができると、子どもは自分を愛せるようになり、自分を愛せる子どもは、人と思いやりのあるよい関係を築けるのです。**

あたたかい親子関係は、何にもまさる子どもへの贈り物です。

第5章

「やればできる」と思うように育てる

～ほめなくても失敗してもいい～

マインドセットが自己効力感を高める

「やればできる」という気持ちが人を動かす

「わが子が難しいことに挑戦しない」という悩みを抱えている親にアドバイスを求められたら、自己効力感、とくにこのあと紹介する「しなやかマインドセット」を育てることと答えます。

自己効力感は、デシの自己決定理論の3つの基本的欲求の「関係性」に続く2つ目の欲求です（デシは有能感と呼んでいますが、筆者は能力は「ある」というよりも「育てるもの」という考え方なので自己効力感としています）。

言葉をそのまま読むと、自分にはなんらかの効力があるという意味ですが、わかりやすく言うと「やればできる」という気持ちです。人は誰でも、生まれながらに「やればできる」という感覚を持ちたいのです。この感覚は次の3つの要素を含みます。

①自分の環境に何らかの影響を与えられるという「信念」

②特定の課題を解決したり一定の目標を達成できるという「自信」
③今はできていなくても、努力すれば将来できるかもしれないという「希望」

ある方の息子さんの中学校では、成績表に「不可」ではなく「未到達」という言葉を使っているそうです。とてもいい言葉ですね。

第2章でお話したように、セルフエスティーム・ムーブメントが否定されるようになり、かわりに「自己効力感」の重要性が注目されています。興味深いのは、教育や心理学の研究では、**あらゆる動機づけや構成概念の中で、自己効力感が「行動」をもっとも予測する**ものだということです。

「動機づけ」には、生理学的モチベーションや、報酬や罰を用いる外的モチベーションなど多くのものがあり、「構成概念」にも自己肯定感、自己概念、自己受容などたくさんあります。その中でいちばん「行動」を予測するのです。すごいことですね。

例えば、タバコは体に悪いとか、タバコをやめると健康になるだろうとわかっていても、すぐに禁煙という行動には移れないかもしれませんが、「タバコはきっとやめられる」という自己効力感が高いと、やめられる可能性が高まるのです。

「しなやかマインドセット」と「こちこちマインドセット」

なにより自己効力感を左右するのが、「能力」をどう考えるかです。あなたのお子さんは、能力は生まれつき決まっているものと思っていますか？　努力で伸びるものと思っていますか？

スタンフォード大学のキャロル・ドゥエックは、生まれつき～を「こちこちマインドセット」、努力で～を「しなやかマインドセット」と呼び、どちらを持っているかで人生が大きく変わるとしています。

ドゥエックは、学問、芸術、スポーツ、ビジネスの分野で偉大な功績をあげた人と、あげられなかった人を30年にわたり調査して、**大きな功績をあげた人に共通しているのが、しなやかマインドセットを持っている**ことと結論づけました。

ドゥエックは当初、人が失敗したあとに、どう回復するかに興味を持ちました。そこで、わざと失敗させるために、子どもたちに難しいパズルを与えたのです。

ところが、そこには不思議な子どもたちがいました。難しいことを嬉しがり、難しいほどやる気になり、嬉々として取り組むのです。この子たちはそもそも、難しいことやできないことを失敗と思っていないのです。それを解明するために研究は始まりました。

例えば、5歳児に簡単なパズルをしてもらい、次に挑戦するパズルを選ばせると、しなやかマインドセットの子は、もっと難しいパズルを選び、こちこちマインドセットの子は、簡単なパズルを選びました。なぜこんなことが起こるのでしょう？

これを理解するために、心理学の定義を見てみましょう。心理学は「人の心的過程（思考と感情）と行動について科学的に探求する学問」と定義されています。「心」は目に見えない思考と感情をさし、「心理」はこれに目に見える行動が加わります。そして、この思考、感情、行動は影響し合っているのです。

例えば、（思考が）低迷して落ち込む（感情）と家に引きこもり（行動）、友達にカラオケに連れて行かれて思いっきり歌う（行動）とスッキリします（感情）。

この3つの要素が一致していないと、人はストレスを感じるので、常に一致するようにする傾向があります。これは認知不協和理論と呼ばれます。

★思い方で結果は大きく違ってくる

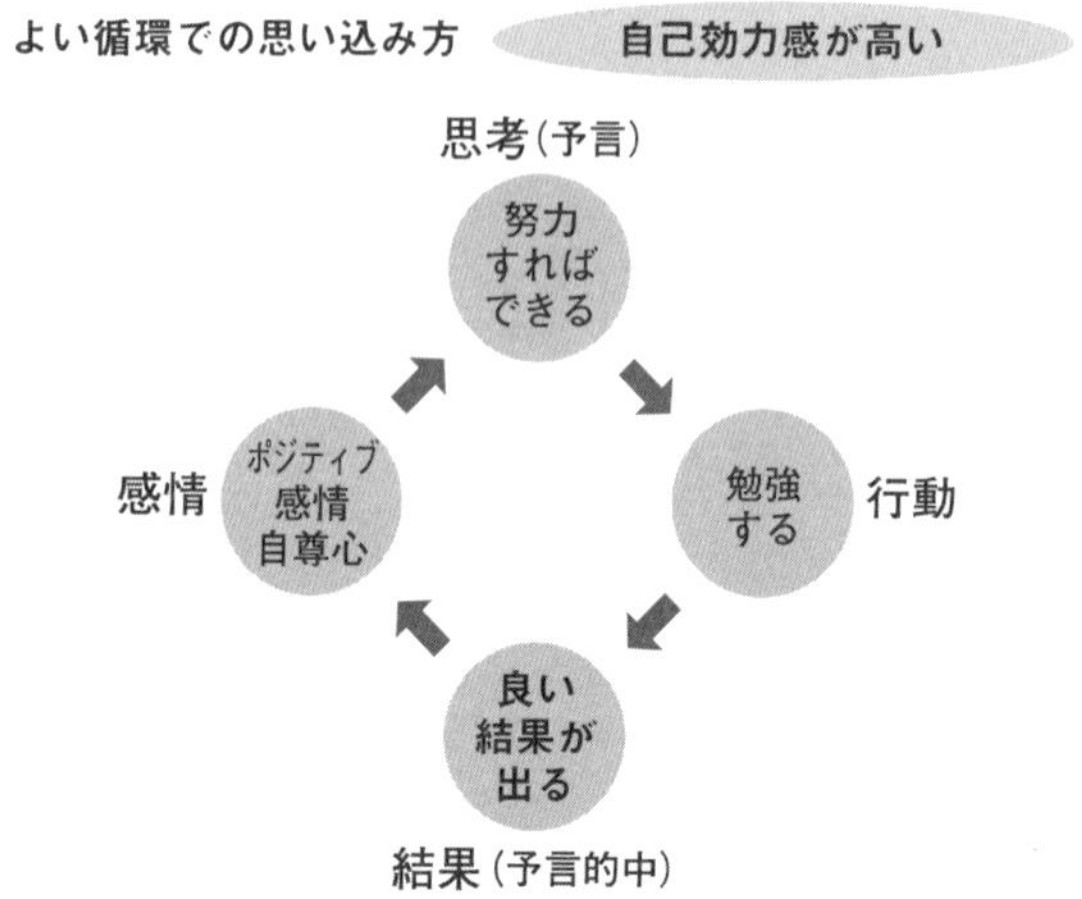

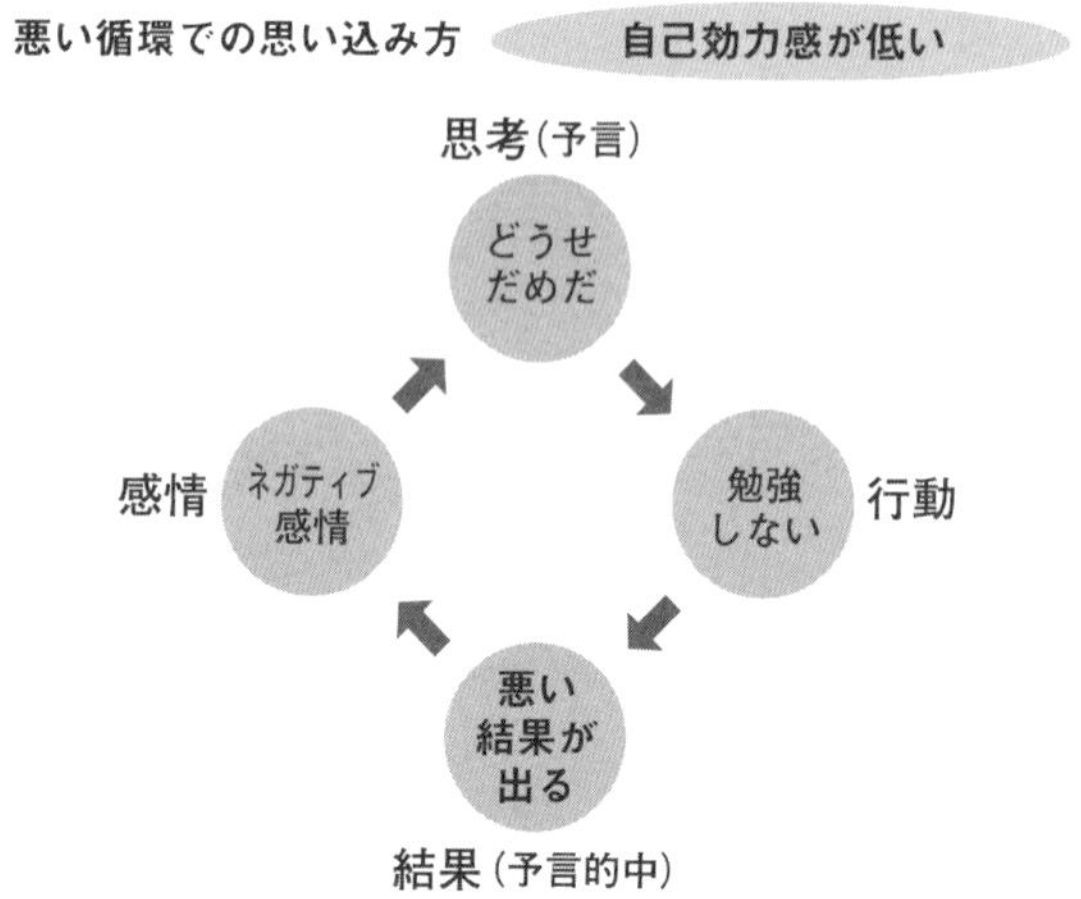

しなやかマインドセットのメカニズムはこうです。まず、「思考」がやればできると思っていると「行動」に影響し、実際に頑張ります。その結果、実際にできる可能性が高まります。そして、できると、嬉しいポジティブな「感情」や自尊心が高まり、またやればできるという気持ちを強化します。

この現象を「自己成就的予言」と言います。**私たちの頭にあることは、行動に影響し、それが私たちが住む世界で結果に影響し、そこから自信や嬉しい気持ちなどが湧き、よい循環を起こす**のです。

★失敗と成功は同じ方向にある

また、**能力は伸びるものと思っている子にとって、「努力」は熟練へのプロセスなので、それ自体が楽しく、「失敗」も成功への一過程なので、恐れることなく挑戦し、一生懸命取り組むのです。**

能力は変わらないものと思っていると、努力や失敗は自分が能力を持っていない証明となり、避けたいものになります。だからカンニングしたり、点数を偽って報告することにもなります。

しなやかマインドセットはいつからでも育つ

しなやかマインドセットを育てる方法は3つ

しなやかマインドセットは、どのように育てられるのでしょうか？　実は、子どもは、生まれつきしなやかマインドセットを持っていることが多いと言われています。昔を思い起こすと、小さい頃はなんでもやってみたかったですよね。

私の講座では、1歳の息子が床を拭いてくれている写真を皆さんにお見せします。ママが掃除機を使っていたらやってみたい、床拭きだってやってみたい――そのときに、「うまくできなかったらどうしよう」と考えたりはしません。

それが、育っていく環境でこちこちマインドセットに寄っていってしまうことがあります。**「もうこちこちマインドセットだ！」と感じても、安心してください。マインドセットはいつからでも育て直せるし、その方法もしっかり研究されています。**

しなやかマインドセットを育てる方法は、次のように3つあります。

①能力は伸びることを伝える

これはシンプルに、「能力は努力すれば伸びるんだよ」とそのまま伝えることです。ある小学校の算数のクラスに研究者が訪れ、ロシア人の女性数学者の写真を見せました。あるクラスには「この数学者は普通の人だったけれど、数学が大好きで、一生懸命取り組んで、すばらしい発見をしたんですよ」と紹介し、別のクラスには「この数学者は天才で、すばらしい発見をしたんですよ」と紹介しました。

学期の終わりに、テストの点がよく算数を好きになったのは、普通の人だったと紹介された子どもたちです。つまり「能力は努力によって伸びる」と伝えられたわけですね。そう信じて努力していると楽しくなったのです。

嘘は伝えたくありませんが、実際はどうなのでしょうか？ 遺伝子が100％同じ一卵性双生児が、一緒に育った場合と別々に育った場合、IQに差が出ることから、**知能には環境が大きく関わっている**ことがわかっています。また、昔は12歳頃に脳が完成し、あとは衰えるだけと信じられていましたが、現在の神経科学では脳は死ぬまで進化することがわかっています。

興味を持って学ぶと、脳の神経細胞が活性化してつながり、強いネットワークをつくり続けるのです。グリットの研究者アンジェラ・ダックワースも、達成の方程式に「努力」を2回入れています。

［タレント］×［努力］＝［スキル］
［スキル］×［努力］＝［達　成］

能力は努力によって大きく伸びるものなので、それを子どもに伝えていきましょう。

②能力や結果でなく行動やプロセスをほめる

これは、価値をどこに置くかということです。例えば、子どもが絵を描いて見せてくれたとき、100点のテスト答案を見せてくれたとき、「うわー、すごいね、天才！」などと結果や能力をほめるのは、親なら誰でもしたことがあるでしょう。でもこのことが、子どものこちこちマインドセットを育てているのかもしれないので、注意が必要です。

ドウェックは、ニューヨークの小学5年生500人に簡単なパズルをしてもらいま

★能力と努力、どちらをほめる?

	能力をほめられたグループ	努力をほめられたグループ
簡単なパズルの後にかけられた言葉	「君は賢い!」	「君は努力した!」
次に挑戦するパズルのレベル(挑戦するか)	半数以上が簡単なもの	9割が難しいもの
難しいパズルが解けなかったときの思い(落ち込まないか)	「能力がないせいだ」失敗を恐れて不安になった	「集中できなかったからだ」最後まで熱心に取り組んだ
再びやった簡単なパズルの成績(回復するか)	20%ダウン	30%アップ

した。半分の子どもたちには「君は賢いに違いない」と能力をほめ、残り半分の子どもたちには「君は一生懸命やったに違いない」と努力をほめたのです。

その後パズルを選んでもらうと、能力をほめられたグループは半分以上が簡単なパズルを選び、努力を認められたグループは9割が難しいパズルを選んだのです。

次に7年生用のIQテストのパズルをしてもらいましたが、難しすぎて誰も解けませんでした。そのとき、さっき能力をほめられたグループは「自分に能力がないせいだ」と、失敗の原因を自分の能力不足ととらえ、失敗を恐れ不安になったけれど、努力を認められたグループは「十分に集中できなかったからかもしれない」と、**失敗の原因をプロセスの問題ととらえ、最後まで熱心に取り組みました。**

そして、再び最初の簡単なパズルをしてもらうと、**能力をほめられたグループは、生産性が20％落ち、努力を認められたグループは30％高まったのです。**

この研究で重要なのは、子どもたちがどちらのマインドセットを持っているか事前に調べていないことです。ランダムに分けられた子どもたちが、**大人の声掛け一つで、しなやかマインドセットか、こちこちマインドセットのスイッチを押されてしまった**のです。

③親が失敗を悪いものとして扱わない

最新の研究では、親が失敗を悪いことと思っていると、子どもにこちこちマインドセットが、悪いこととは思っていないと、しなやかマインドセットが育つということです。

自分が何か失敗しても落ち込まずに「今練習しているからね」、**子どもが失敗して**

も叱らずに「やればできるようになるからね」と言うようにします。これは、親がしなやかマインドセットを見せてロールモデルになるということです。

子どもは育つ環境から学びます。親であるみなさんは、自分の口癖に気をつけましょう。私が以前、車をバックするときに軽くこすってしまったとき、「ママって本当にダメだわ、全然成長しない」と言ってしまってから、言い換えたことがあります。「ママも運転練習中だわ。練習すれば少しずつうまくなっていくわ」。

夫が子どもと一緒にオリンピックを見ていて、「彼らは天才だ、普通の人とは違う」と言ったとき、私は「彼らも初めは普通の人だったんだよ。興味を持って一生懸命取り組んだんだね」といい直したりしています。

しなやかマインドセットを育てる実践

子どもの心境はどう変化するのだろう

私がマインドセットについて知ったのは、2015年1月、息子の大が8歳、娘の愛が6歳の頃。あちゃーっと思ったのを覚えています。そしてじっくり理解してから、子どもたちへの関わり方を変えてみました。その効果が凄まじかったので紹介します。

まず子どもたちに、どちらのマインドセットを持っているか聞いてみました。

「あなたたちは、能力って生まれつき変わらないと思っている？　生まれつき賢いとかね。それとも、生まれたあとに努力で伸びると思っている？」

娘はすぐに、「努力で伸びるよー」と答えました。この子には、年長さんのときから一度も「宿題をしなさい」と言ったことがありません。学校から帰ると、おやつを食べながら宿題を普通にやる子で、勉強の苦労はまったくありませんでした。

お兄ちゃんはしばらく考えてから、「生まれつきかな。だってママ、いっつもそういうじゃん、大、賢いって！」と言いました。みんなで大爆笑しました。そこで、ちゃんと伝え直しました。「ごめんね大くん。ママ間違っていたんだ。**才能や能力は生まれつきじゃなくて、努力しだいでずっと伸びていくものなんだよ**」。

そして、プロセスに注目して声をかけるようにしました。これがまた難しい。ついつい、「すごいねー、えらいねー、上手だねー、早いねー、才能あるねー」と言ってしまう。私がそうやって親に育てられたし、ほめることが重要とされている社会ですよね。これ、セルフエスティーム・ムーブメントの名残りなのでしょう。

そこをぐっと抑えて「うわー、すごく集中していたね」「このひらがな、はみでてないね」「以前は80点だったけど100点取れたね。努力したんだね」と、**努力や集中力や、成長などに注目しました。**もちろん、自分の口癖に気をつけて。

すると、息子が大きく変わったのです。それまではなかなか宿題をしなくて、学校から戻って宿題をする彼の横に私が座り、注意が散ると「ほらっ！」と机を叩かなければならないことも。そして、問題が難しくてうまくできずキャーとなって席を離れると、私が追い回して座らせなければならないこともありました。

それが、宿題が難しくても途中で投げ出さずにやるようになりました。日本語学校の宿題で、音読がうまくできず投げだしそうになったとき、「大丈夫だよ、今は読めなくても、練習すればうまくなるよ」と声をかけると、また読み出すのです。

それから半年後、夏休みに日本に来て、日本の学校に数週間通いました。学校では小学校3年生。英語が母国語の彼はついていけていなかったのですが、楽しく通っていたのです。

ちょっと気になって、「みんなは日本語がよくできるのに、大はわからないことが多いよね。そのこと、どう思っているの？」と聞いてみました。自信をなくしていないか心配だったのです。

息子から返ってきた答えは、「んーそうだねー、学校のみんなは毎日日本語で勉強しているから上手だよね。僕だって日本語で毎日勉強していたらできるようになるし、別に気にならないよ」。

このとき、しなやかマインドセットの意味が本当にわかった気がしました。**「できない」ということは「僕はダメだ」という自信喪失には直結しないのです。「僕は今**

できないけど、それにはいろんな理由があって、興味があって取り組めば、自分もできるようになるんだ」という感覚。なんてレジリエントなのでしょう。

その夏の3年生最終日、息子はクラスメートからたくさんの手紙をもらって帰ってきました。中身を読んで爆笑してしまいました。

「間違いがあってもくじけないところが、大くんのいいところだと思います」

「勉強は難しかったかもしれないけど、大くんは勇気を出して発表していたから、びっくりしました。ちょっとは言えていたよ。すごいね」（発表していたのね！）

彼の日本語はうまくないけど、**一生懸命手を挙げている姿、間違いを成長するプロセスととらえて挑戦している姿は、ほかの日本の子どもたちを動かしたようです。**手紙は、今でも大切にとってあります。この息子も今では中学1年生になり、学校の成績優秀者に選ばれるほどになりました。

ほめるときには期待を込めない

ドウェックは、個人の性格や物事の結果をほめることを「パーソンプレイズ」、努力などのプロセスをほめることを「プロセスプレイズ」と名付けました。ただ、教えたり実践する中で、私はこのプレイズ＝ほめるという言葉に違和感を感じてきました。「ほめる」という言葉の裏には、相手をもっと頑張らせようとか、よい結果を出させようとかいうコントロールの意図が見え隠れします。もし親がよい結果のためにプロセスをほめているのだとしたら、子どもはコントロールされていると感じ、それに抵抗し、結果、から回りするでしょう。プロセスプレイズをしているのにうまくいかないという方は、実は結果に注目していることが多いのです。

それで、私の講座では「プレイズ」の部分を「フォーカス」に替えています。**心からプロセスに注目し、結果はついてくることもあるしついてこないこともある、でもいつかついてくるかも、という気持ちです。**

親であることも一緒ですね。子どもが生まれたとき、、私たち親も0歳なんです。そして、子どもが幸せになるスキルを学んでも、すぐにできるようにはならないこともあるのです。そんなとき、「私ってダメだわ」ではなくて、**「今は練習中、繰り返し練習すればきっとできるようになる」**と口に出してみてください。

実際、本当に難しかったプロセスフォーカスも、今では私も達人レベルにまでなりました！　あんなに「すごい、上手、賢い」と言っていた私が、今では無意識にプロ

★親の声掛けで子どもに何が育つのか

	プロセスフォーカス（行動や努力に注目）	パーソンフォーカス（人格や結果に注目）
よい出来事（認める）	やればできる!　自己効力感、勇気、親がみてくれている	できなかったらよくない白黒思考、失敗の恐怖
悪い出来事（伝える、叱る）	罪悪感（自分のした行動が悪い）変えられる	恥（自分自身が悪い）、変えられない無力感

セスを見ています。やれば、いずれできるようになります！

プロセスフォーカスのポイントをまとめておきます。

●個人の能力、性格、結果ではなく、努力、頑張り、集中したことに注目。

●今すぐ正しくではなく、忍耐力、かけた時間、挑戦した勇気に注目。

●他人との比較ではなく、以前と比べてその子が成長したことに注目。

●好きなところ、感謝を伝え、共感することが大切。

●質問が大切（それをやったときの気持ち、うまくいったときの原因）。

子どもの弱みでなく強みに注目する

強みを見ていれば問題行動はなくなる

自己効力感を著しく高めるものに、強みに注目するということがあります。強みはポジティブ心理学の中核で、うまくいっていないことより、うまくいっているところを見るのです。

幸せな人には、強みを知って使っているという共通点があります。その理由は、強みを使うと自己効力感が高まり、その自己効力感が幸福度もパフォーマンスも高めているからです。

私の元には、「子どもがわざと親を怒らせようとしているのかと思うくらい悪いことばかりする」「兄弟喧嘩が増えて手がつけられない」「友達に乱暴するのが止まらない」「何度注意しても変わらない」という悲鳴が寄せられます。

★上司は部下の強みに注目すればいい

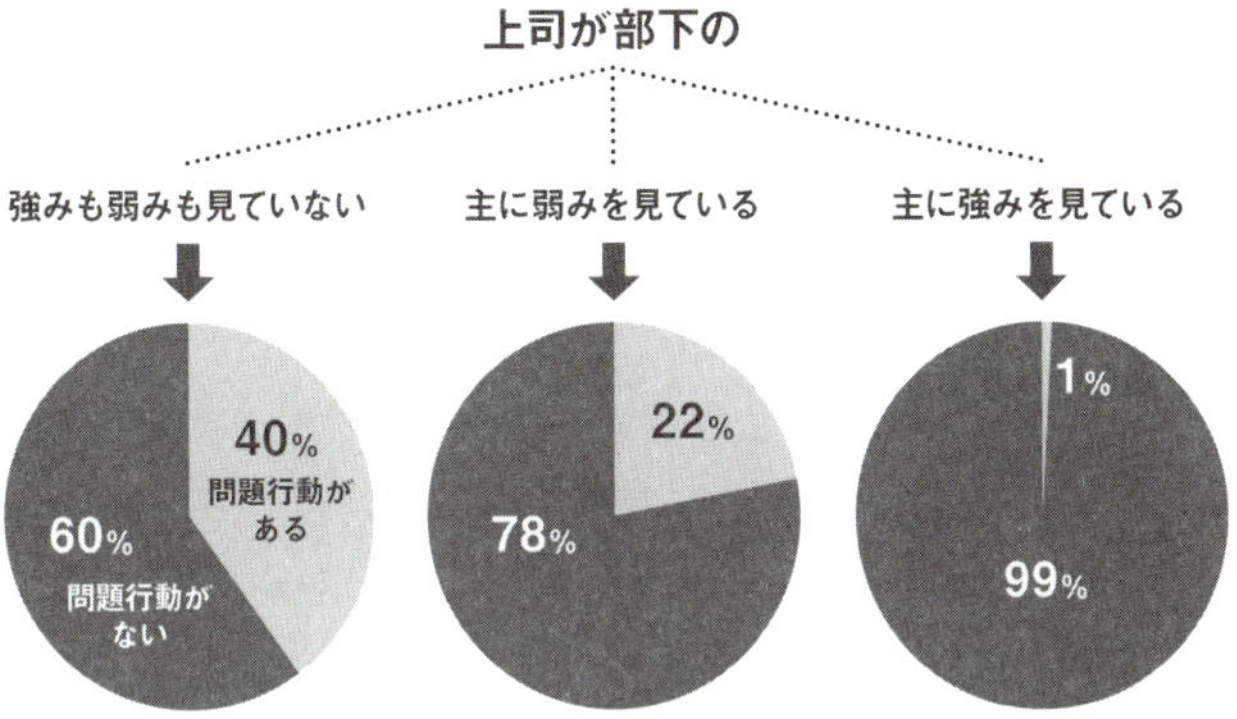
上司が部下の
強みも弱みも見ていない
主に弱みを見ている
主に強みを見ている
40%
問題行動がある
60%
問題行動がない
22%
78%
1%
99%

sorenson, 2014を参考に筆者作成

そういう方には、**「子どもの弱みに注目するのではなく、強みを見てあげましょう」**とアドバイスしています。ここで衝撃のデータを紹介しましょう。世界的な調査会社、ギャロップ社のデータです。

それによると、アメリカでは会社員の30%が積極的に仕事を楽しみ、51%が受け身で心ここにあらずで仕事をし、19%は会社で問題行動を起こすとしています。この問題社員は、「上司が自分の強みを見てくれている」と感じている場合、ほぼいなくなるのです。

無視されることがいちばん辛いのは誰も同じです。上司が自分のいいところも悪いところも見てくれていないと感じている社員の中では、実に40%が問題行動を起こします。弱みだけを見てくれていると感じていると22％に減り、**強みに注目してくれていると感じていると1％にまで減る**のです。

学級崩壊が起きて困っているという先生に、このことを説明すると、さっそく子どもたち一人ひとりに強みを伝えたそうです。すると大きな変化がありました。クラスメイト全員で友達の強みを書いて箱に入れ、本人がそれを持ち帰るという試みをしている学校もあるようです。

悪いことに目が行くのは自然なこと

強みを見ることのよさは、これでもかというほどのエビデンスがありますが、そんなに簡単なことではないでしょう。ギャロップ社の調査で、子どもがA（90～100点）をとったときは17％の親が、C（70～80点）をとったときは16％の親が注目すると答えたのに対し、F（60点以下、落第）では77％と大きく違いました。

私たちは、子どもの成績表の中で一つだけ悪い科目を見つけたとき、その一科目に注目してしまうのではないでしょうか。子どもががんばっていることがあるのに、ほかのことでちゃんとやっていないと責めていませんか。自分の意見をはっきり言えるのに、がんこだと非難していませんか。

「子どもの行動については、悪いことのほうに目がいってしまう」という人、落ち込まないでください。ほとんどの親がそうなのです。

実は、**私たちの脳は生まれつき悪いところに注目するようにできている**のです。それは太古の昔、あちらの茂みが揺れれば怖い動物がいるかもしれない、晴れの日が数日続けば水が足りなくなるかもしれないと、生き延びるために悪いニュースを逃さないほうが、よいニュースに注目するより生存率を高めたからです。

この傾向をネガティビティ・バイアスといいます。親は、かわいいわが子に生き延びてほしいから、愛しているからこそ、弱みを見つけて直そうとしてしまうのです。

時代は変わり、幸いにも多くの国では、小さなネガティブなことを見落としたから明日生き延びられないという世界ではなくなりました。それどころか、脳は本当に起こっていることと、考えていることとの違いがわからないというバカなところがあるので、心配するだけで、実際にそれが起きたときと同じような反応をしてストレスホルモンが出てしまうのです。この傾向は今では害になります。
ネガティビティ・バイアスに気づいたら、それは自然なことと受け止め、そのスイッチをパチンと切って、よいところを探したほうが幸せに生きられます。

ポジティブ心理学は、企業や教育の現場で広く使われてきましたが、家族に応用する研究に最初に出合ったのは、2015年にフロリダで開かれたポジティブ心理学国際会議でした。3年間、**親が子どもの強みを知ってそれを子どもに使うように励まし、子どもが使っていると、「子どもの人生満足度が高く、ストレスが低い」「子どもの成績が伸びる」「親のウェルビーイングが高まる」**というデータが次々と発表され、「なんていいことばっかり、最高!」と嬉しくなったことを覚えています。

思春期の子どもの人生満足度に与える影響は、支援的な民主的子育て(16%)より強みにフォーカスする子育て(19%)のほうが大きいのです。一見、子どもを信頼し、子どもの気持ちを理解し、温かく優しいつもりでいても、実際には弱みにフォーカスしているかもしれません。支援的で強みにフォーカスすると、より効果的です。

子どもの強みをベースに育てる

弱みの裏には必ず強みもある

強みには、スキル、才能、身体的能力、興味、個性、性格、リソースなどすべてが含まれます。その強みを見つける方法として、私は次の5つをおすすめします。

①子どもがワクワクするほど好きなこと

熱意と似ていますね。これがいちばんのヒントでしょう。頻度が高くなります。

②子どもが得意なこと

すぐにできるようになるもの、上手にできるものです。②より①のほうが大切です。得意でほめられて伸びるけれど子どもが好きでないものは、偽の強みです。

③人からのフィードバック

学校の先生や友達の親から、わが子の意外な側面を知ることがありますよね。家庭では安心して弱さを見せやすいので、家庭外からの情報は役に立ちます。

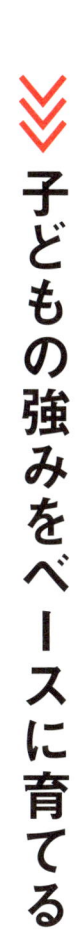

④弱みの裏には強みがある

これは盲点です。性格には表と裏があります。誰かを好きになるときと嫌いになるときは、同じ性格の裏と表です。これを「ファタル・アトラクション」といいます。

例えば、私の夫はとても優しくそこに惚れたのですが、優柔不断で決められないことがたまにいやになります。これは同じ性格の裏と表です。強みが見つけられないときは、いつも感じさせられている弱みを、違う角度から見てみることです。

弱みの裏には必ず強みもあるので、落ち着きがない子どもの場合は、好奇心旺盛なところが強みともいえますね。

⑤「性格の強みの調査票」を活用する

ぜひおすすめしたいのが、ポジティブ心理学者らが開発した「性格の強みの調査票」（VIA　https://www.viacharacter.org/survey/Account/Login）です。スキルや才能と違って性格はあまり注目されてきませんでしたが、スキルや才能に大きく影響します。勇敢さのないキング牧師、愛情のないマザー・テレサ、忍耐力のない羽生結弦選手を想像できますか？

私は「あなたがそこにいるだけで表れる存在自体の強み」を調べるVIAが大好き

★私の家族の強みはみな違う

息子	娘	夫	私
創造性 知的柔軟性 思慮深さ チームワーク 寛容さ 勇敢さ	愛情 向学心 創造性 チームワーク リーダーシップ 勇敢さ	審美眼 ユーモア 誠実さ 大局観 勇敢さ 創造性	創造性 親切心 知的柔軟性 大局観 ユーモア 愛情

です。性格の強みは、生まれつきだけのものではなく成長するものなので、そのしなやかマインドセットも好きなのです。

ＶＩＡは誰でも無料で受けられ、約20ドルで自分の強み、その伸ばし方など詳細なレポートを入手できます。10～17歳用もあります。うちでは家族全員で受けて強みを発表し、**その強みを使って自分の課題をどう乗り越えるか**を話し合いました。

どの心理テストもそうですが、「自分がどう思うか」が大切です。テストの結果と自分の考えが違っている場合は、自分の考えのほうを重視しましょう。

強みをベースにした子育ての実際

メルボルン大学のリー・ウォーターズは「ストレングス・ベースド・ペアレンティング」を提唱しています。これをまとめると次のようになります。

①子どもに強みがあると信じる

人には弱みも強みもたくさんあるので、その中で強みに注目します。

②子どもの強みを見つける

子どもをよく観察して言動の中から強みを見つけます。

③子どもにわかりやすく強みを伝える

気づいたら伝えることが大切です。「あなたの強みは◯◯ね」とストレートに言ったり、「以前より◯◯ができるようになったね」と成長を認めたり、「◯◯してくれてありがとう」と感謝を伝えてもいいでしょう。

④その強みを使うように励ます

強みを知っているだけでも幸せになりますが、使うと効果は飛躍します。ニュージーランドの研究では、知らない人を1とすると、知っている人は9・5倍、使っている人は19倍も幸せでした。その強みを使うようにすすめたり、**弱点や課題に「あなた**

の○○の強みを使うとしたらどうなるかしら?」と問いかけるのもいいでしょう。

⑤使う機会を与える

強みを使う機会を一緒に考えたり、親が用意することで、強みが伸びていきます。

ウォーターズの「ストレングス・スイッチ」というスキルが、とても役に立ったので紹介しておきます。

親に余裕がないときは、子どもの悪いところに目が行ってしまうものです。ある日、息子ニックが自転車をしまわなかったので彼女はきつく叱り、2人とも嫌な気持ちになりました。翌日も出しっぱなしの自転車を見た彼女は、大きく深呼吸し、頭に描いた強みスイッチをパチンと入れたのです。

彼女が家に入って息子の強みを探すと、靴は片付けられ、弁当箱は流し台にちゃんと置いてあるのです。以前はなかったことです。

そこでニックを抱きしめて、「最近片付けが上手になったのね」と伝え、「自転車もちゃんと片付けてね」と付け加えたのです。すると翌日はきちんとしまわれていて、片付けの習慣がついていったとのことです。

私も試してみました。息子が中学生になり、学校のロッカーを整理する棚を買って、息子が忘れないように玄関に置いておきました。ところが送りの車に乗った息子がその棚を持っていないのです。叱ろうと思いましたが深呼吸して、「あれ？　ロッカーの棚……」と言うと、「今日はサックスの練習があるから、持って行っても整理する時間がないんだ。火曜日に持って行くよ」。

強みスイッチが入っていた私は、息子がちゃんと先まで考えていることに感心し、「そんな先のことまで考えているんだ。ママは今日持って行ってほしかったけど、計画性があるね」と伝えたのです。

息子がしばらく考えて言ったのです。「ママ、火曜日はパパの車で行くんだったよね。今日帰ったら、パパの車に棚を積んでおくね」。

怒らなくてよかったと思った瞬間でした。怒っていたら息子は自信を失い、自分の強みを見つけられなかったでしょう。強みを見つけたから、それを目の前の課題に自然にあてはめられたのです。

みなさんもぜひ試してみてください。人は視覚から入ると忘れないので、みなさんなりの強みスイッチを絵に書いて、よく見えるところに貼り出してみてください。

第6章

主体的に動く子どもに育てる

～しつけは強制しなくても身につく～

コントロールをやめたらどうなるか

子どもの行動が劇的に変わった

2017年、アメリカの学期の終わる6月と新学期の始まる9月に、私の家で天国に昇るくらいの変化がありました。

まず6月の朝の様子は、朝7時頃、私が子ども部屋のブラインドを開けながら、「ほら朝だよ、起きましょー」とあまーい声を掛けます。反応がないので、私は朝食やお弁当の準備にキッチンへ戻り、今度は普通の声で「もう7時15分だよー。起きなさいよー」。

それでも起きないと、私の機嫌がよければベッドに入ってゆすったりさすったりします。「今日は大好きなキッシュよ」「今日は学校で大好きな◯◯があるわよ」「トイレまでおんぶしてあげるからー」。けっこう、重かったです。

でも私の機嫌が悪いときは、「いい加減に起きなさい！」「何時だと思ってるの！」

と布団をべりっとめくり、夫か私が「もう7時45分だよ」「さっさと食べよう」「着替え！」「おやつとお水持った？」「靴下履いてないよ」「8時10分だよ」「ビタミン飲んだ？」「髪がボサボサ」「歯磨いた？」、「忘れ物ない？」が続き、戦場のような状態です。

8時20分というタイムリミットが迫ってくると、イライラがマックスになり、夫が爆発。私も「何やっているの！」となり、どうにかみんなを押し出し、一緒に学校まで歩いて行きます。「あなたはなんでいつも……」と責めた日は、別れてからすごーく嫌な気持ちになっていました。

それが、夏休み明けの9月。子どもたちは7時前には自分で起きて、朝食を食べ、着替えて、ベッドメークして、髪をとかして、歯磨きして、ビタミンとコッドオイルを飲んで、水とスナックを詰めて、お弁当を持って……遅くても8時10分には「行ってきまーす」となり、こちらが「ちょっと早いよー、少し待ってよー」と言うくらいにまでなりました。ハグやキスも忘れてしまうくらいで、寂しいくらいに手がかかりません。

なんて楽なんだ！　あれから1年たち、ときどき少し戻ることはありますが、以前の大変さが10なら今は3です。

さて何が起きたのでしょう。実はこの夏休み、私は子どもの自律性（自分で決めてやること）を尊重することに目覚めたのです。やったことは次のとおりです。

まず夫の同意を得て、子どもたちと話し合いました。「あなたたちは、もう自分で朝の準備ができると思う」と伝え、朝の準備は自分たちの課題であること、遅刻しそうになってもママとパパは車で送っていかないことを穏やかに伝え、何を何分までにしたら間に合うかを一緒に考えました。

翌日からが苦しい3日間でした。起きたら夫と目を合わせ、「何も言わない」と自分たちに言い聞かせました。「あー、早くしなさいと言いたいー」という気持ちを抑えたのです。胸がキリキリして苦しかったけれど、成果は得られました。**コントロールして掴もうとしていた理想の日々が、コントロールを手放したら実現した**のです。

コントロールされては幸せになれない

伝統的な心理学では、子どもの行動をコントロールするのはよいこととされています。その人自身の自律性を尊重することを説いたのは、人間性心理学のロジャースですが、エビデンスがないという弱みがありました。その後私は、自律性を科学的に研究したデシの自己決定理論を知り、学びを深めました。

そして気がついたのです。本当はずっと人をコントロールなどしたくなかったことに。なにしろ、自分自身が自由の欲求がとても高く、そうされたくなかったのです。でもそれを**やめられなかったのは、方法がわからなかったから**です。

心理学は、人の行動を「説明する、推測する、影響する」という目的で始まり、研究されデータが蓄積し、行動をコントロールする方法もたくさんわかっているわけです。やり方がわかっていてそれを手放すのは難しいことです。

子どもは素直なので、報酬や罰の効果はすぐに出るので使ってしまいますが、**人は自分で決めたい欲求を持っているので、この手法は成長するほど難しくなります。**

わが家でも、素直だった息子が9歳頃から反抗し始め、コントロールしようとするほど反抗が強くなることに気づいて、自律性を学び試してみることになったわけです。

読者のみなさんには、もっと小さい頃から（できれば生まれたときから）意識することをおすすめします。子どもだから親がコントロールして当たり前と思う方たちにお伝えしたいのは、**コントロールされて幸せな人はいない**ということです。

第2章で紹介したように、西村和雄氏らによる**「自己決定が世帯年収や難関大学の学歴よりも幸せに関係している」**という研究発表を見て、私がどんなに嬉しい気持ちだったか想像してください。

自立を望むなら自律を支援する

自律性とは「自分で決めること」――アメリカの心理学者ド・シャームのいう「自分自身が自分の行動の源泉でありたい」という欲求と同じ意味とします。

体に生まれながらの生理的欲求があるように、**「自分で決めたい」という感覚は生まれながらに誰もが持っているものです。これが満たされないと、食欲が満たされないのと同じように心の健康を害し、さまざまな問題が生じます。**

では、「自律」と「自立」はどう違うと思いますか？　「自律」は、自分で考え、自分で目標を決め、自分で行動を選択すること。「自立」は、ほかに依存しないで自分でやっていく、経済的、精神的に一人で立つことをさします。

「自律」の逆は「他律」「統制」で、ほかからの命令や強制によって動くこと。その結果は、子どもが服従するか反抗するかです。そして「自立」の逆は「依存」で、ほかに頼ってしか生きられないことです。

自分で決めてほかから支援を得るなら、自立はしていなくても「自律」はしているのです。将来、**子どもに「自立」してほしいと望むなら、その子の自己決定を尊重する「自律」から始める**といいでしょう。

でもどうやったら、という疑問に、私が学んで実践した範囲ですが、これから答えていきましょう。

自律性がモチベーションを高める

子どものモチベーションは親しだい

自分で決めてやるということを考えると、**自律性は、内発的モチベーションと大きな関係があり、自律性の程度によって、やろうという気持ち（モチベーション）は分類されます**。

例えば、次ページの表は勉強する動機の例ですが、習い事も、成人の仕事も、子育てても、すべてに当てはまります。下から上にいくほど自律性が高くなります。表を見ながら、次の解説を読んでいってください。

①無気力

自律性がまったくない状態です。一時期、無気力や無関心な子どもたちが話題になりましたが、自律性もモチベーションもなく、勉強をしたいとも思わない状態です。

★動機を自律性で分類してみる

高い【子どもの自律性】低い

低い【親のコントロール】高い

	動機の分類	それをやる理由、特徴	子育てスタイル
自律的	⑤内発的	興味：面白い、楽しい、好きだ、自分の価値観と一致している	支援的、強みを見る
	④同一化的	価値：自分に重要、将来の夢のために必要	
非自律的	③取入れ的	競争や劣等感：友達に負けたくない、馬鹿にされたくない	統制的、過保護
	②外的	報酬と罰 お母さんに言われる、やらないと叱られる、報酬を得たい	
無自律的	①無気力	無関心、勉強したくない	無関心、虐待的

「モチベーションを学ぶ１２の理論」（鹿毛雅治編）を参考に筆者作成

★動機づけの要素と自律性の関係

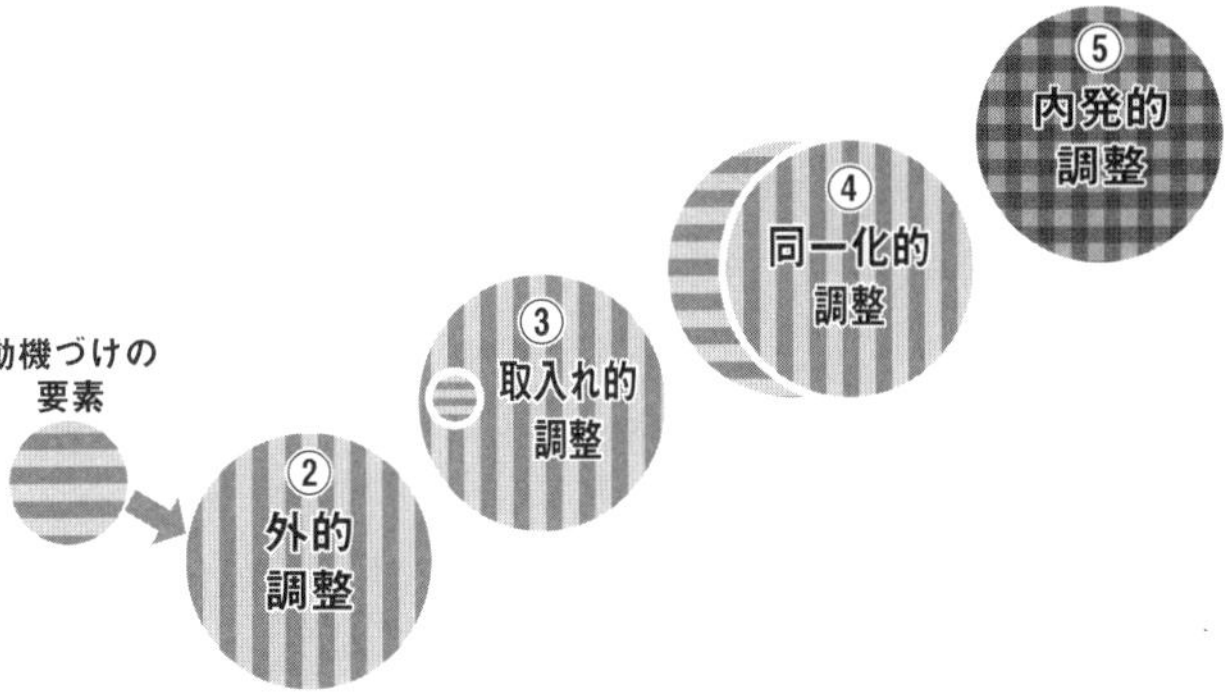

動機づけの要素
②
外的調整
③
取入れ的調整
④
同一化的調整
⑤
内発的調整

②外的調整

子どもが、やればほめられるからとか、やらないと叱られるからとか、外からの報酬の獲得や、罰を避けるためにやるという状態です。速効性があるため、幼児には使いがちです。この動機づけは、勉強するという価値観は本人の価値観の外にあり、外からコントロールしている感じです。問題は、**罰や報酬を与える人がいなくなると、その行動は続かなくなる**ということです。

③取り入れ的調整

友達に負けたくないとかバカにされたくないなどの競争や劣等感がベースにあります。自信がないときに、よい成績と自分をくっつけることで自信を得ようとしたり、負けることで自尊心が傷つくことを避けようとします。つまり、何かをしないと愛されないという「条件付きの自尊心」が元になっています。

この子たちの特徴は、**先生や親が外から見ると、自律的な子どもたちと同じくらい頑張っているように見える**ことです。違うのは、不安感が強く幸福度が低いことです。同じように頑張っているのに、不安で不幸せというのは可哀想ですね。

勉強する価値観は子どもの価値観の中に入ってはいるのですが、その中ではっきり分かれていて、勉強する価値観が「もっと勉強しないと恥ずかしいよ」と子どもの価値観に向かって駆り立てている感じです。

子どもは、勉強する価値をわかっているけど、食べ物を噛まずにそのまま飲み込んでしまったように、十分には消化吸収していません。心の中に批判的な親が住んでいるようなイメージです。

④同一化的調整

これは、楽しいかどうかは別として、自分に大切だからやりたくてする場合です。例えば、私が心理学者になるという夢に向かって一生懸命勉強していたとき、自分の価値観と勉強する価値観がピタリと重なっている状態です。

おもしろいのは、幸福度は⑤の内発的調整タイプがいちばん高いのですが、成績はこの④の同一化調整タイプがいちばん高いのです。私はオールAで卒業しましたが、幸せだったかと言われると、はっきり答えられません。

とても幸せな人は、成績がいちばん上より少し低いという研究結果もあるので、私は子どもたちに成績面でのプレッシャーをかけません。**楽しくできることがいちばんいい**と思っているからです。**成績がいいことより幸せなほうが大切**ですから。

⑤内発的調整

それ自体が楽しいので取り組むという自律性が最も高い状態で、自分の中に行動の原因があります。自分の価値観と勉強するという価値観が完全に混ざり合っている感じです。頑張るし、幸福度も高い幸せな子どもたちです。

親なら、このようなモチベーションが子どもに育つことを願うでしょう。それは、実はそれほど難しいことではありません。なぜなら、子どもの自律性には、生まれつきの性格や親との相性も関係してはいますが、親がどの子育てスタイルをとるかに大きく影響されるからです。

子どもの自律性と親の統制は反比例する

簡単に説明すると、次のようになります。もう一度、171ページの表を見てください。

①無気力な状態

無関心・虐待的、そして統制的な親から失敗を繰り返し責められたときに、自分はダメだ、どうせやっても無駄だと思い込んだときになりやすい。

②③非自律的な状態

統制的な親が報酬や罰を用いることで、子どもに条件付きの自尊心が育ったときになりやすい。過保護な親が失敗を事前に回避させようとすると、自分の能力に自信がなく失敗を恐れるようになることもあります。

④⑤自律的な状態

支援的な親が子どもに共感し、子どもを信頼し、多くのコミュニケーションをして自己決定を尊重したときになりやすい。強みにフォーカスするとなお育ちやすい。

もちろん、子どもの性格や、まわりにいるほかの大人や学校などの環境が複雑に絡み合ってきますが、**親がやらせようとすればするほど、子どもの自律性が反比例的に失われる傾向が強い**ということです。

では具体的見ていきましょう。

自律性を育てる親と妨げる親

基本的欲求を満たせば自律性は育つ

子どもの自律性を育てるには、親が子どもをコントロールしないことです。かといって「自分のことだから自分でやりなさい！」と突き放せば自律性が育つわけでもありません。

忘れてならないのは、**自律性は「関係性」から始まる**ということです。猿の赤ちゃんがクマのぬいぐるみに挑んだように、**子どもたちは安全基地があれば自ら挑戦するものです。**突き放さず「あなたは、もうこれが自分でできる年だと思う。すぐにはできなくても、練習したらできるようになるよ」と、やさしく見守るのです。

具体的には、「関係性」「自己効力感」「自己決定」の欲求を満たしてあげれば、自律性は自然に育まれます。子どもは親に信じてもらい、やればできると思え、無理にやらされなければ、自然と自律的になります。逆に、どうせできないと思われ信じてもらえず、失敗したら責められ強制されれば、躊躇し、自律性は失われるでしょう。

子どもはご褒美より親の信頼が嬉しい

報酬に関しては、子どものやる気を高めるために使ってきた方が多いと思います。報酬には、お金や賞状や商品などの物によるものと、ほめ言葉やハグなどがあります。第2章を読むと、報酬は全部ダメだと思うかもしれませんが、**自律性を妨げるのは親の側にコントロールしようという気持ちがあるときです。**


次ページのグラフを見てください。幼稚園児を3つのグループに分けた研究です。

［第1グループ］絵が上手に描けると賞がもらえるよと伝えた。交換条件付きです。

［第2グループ］賞がもらえることを知らせず、絵を描いたあとに賞を渡した。

［第3グループ］賞がもらえることを知らせず、描いたあとに何も与えなかった。

ペアの棒グラフの左が絵を描く前、右が絵を描いた後です。交換条件付きの第1グループだけが、賞をもらった後に絵を描くことへの興味が減ってしまいました。

★交換条件付き報酬は悪い結果を招く

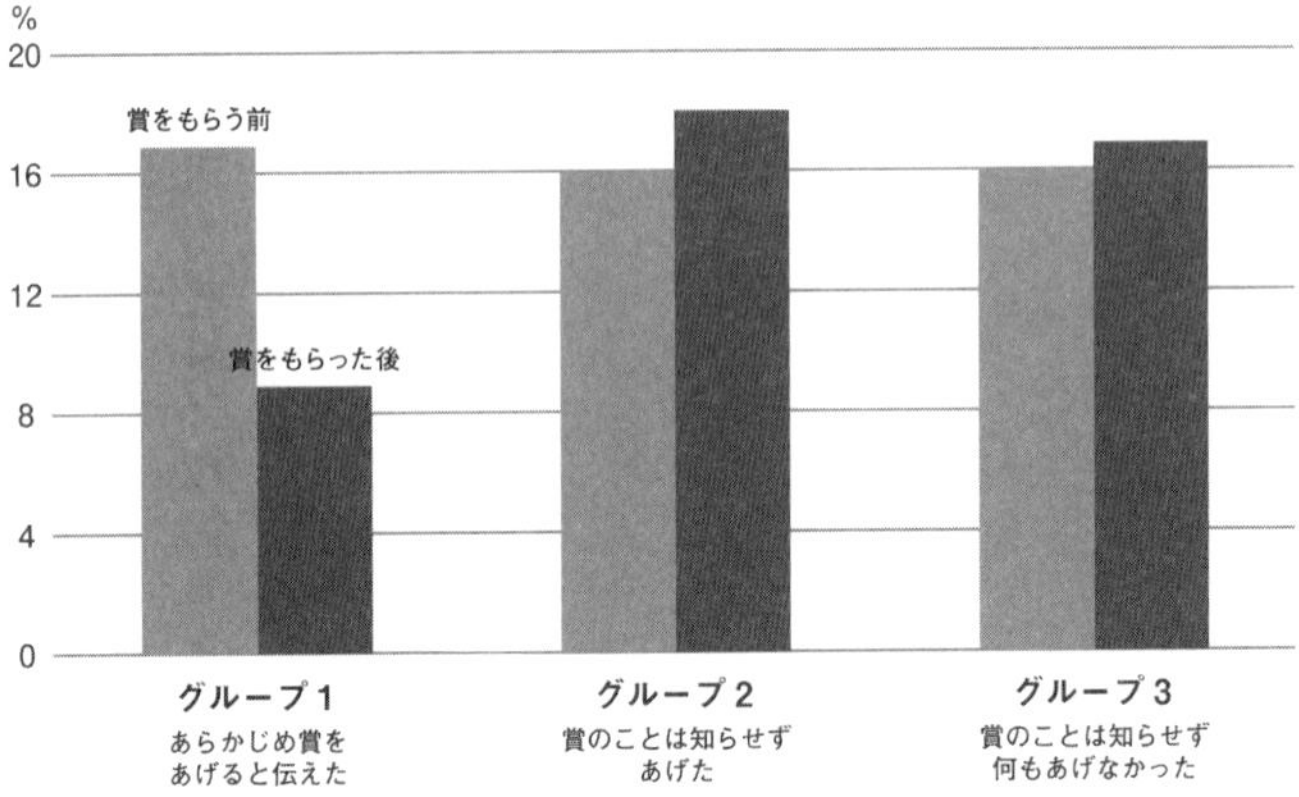
%
20
16
12
8
4
0
賞をもらう前
賞をもらった後
グループ1
あらかじめ賞を
あげると伝えた
グループ2
賞のことは知らせず
あげた
グループ3
賞のことは知らせず
何もあげなかった

幼稚園児が自由時間に絵を描いた時間の割合
(Greene & Lepper, 1974)

つまり、親が「～したら～してあげる」という、結果に対する交換条件付きの報酬でなければ、とてもうまくできたときに感嘆の声をあげたり、感謝したり、感心した点についてフィードバックしたり、一緒に喜んでハグしたり、お祝いをしたりすることに問題はありません。

私の子どもが小さい頃、行動の問題に手を焼いていました。今思えば、私がコントロールしていたから問題が大きくなったのだとわかりますが、そのときはもっとコントロールしなければと思っていました。

そこで「グッドジョブマーブル」というきれいなビー玉のセットを買いました。よい行動をすると、ビー玉を各人の容器に入れていくのです。短期には即効的な効果がありましたが、結局、ビー玉がもらえないとやらなかったり、きょうだいで争いになったり、量がエスカレートして役に立たないのでやめました。

ある日、娘が部屋の隅で埃をかぶっていたそのビー玉を見つけて、「ママ、また私が何かいいことをしたら、このビー玉ちょうだい」と言ってきました。そのとき自分の口から出た言葉に驚きました。

「ビー玉が欲しいのね。でもママとパパはね、あなたたちがビー玉をもらえなくても、正しい行動ができるとわかっているのよ。もしビー玉が好きなら、自分でいい行動をしたなって思ったときに、自分にビー玉をあげたらどうかしら」

娘とその横で聞いていた息子の、そのときの嬉しそうな顔が忘れられません。ちょっと恥ずかしそうな、自分を誇りに思っているような。写真に撮っておけばよかった。

「ママは自分たちがちゃんとわかっているって信じてくれているんだ!」という、**親からの信頼ほど嬉しいものはないのだと実感しました。自己決定の機会を子どもに与えることは、子どもを信頼していることの最大限の表現なのです。**

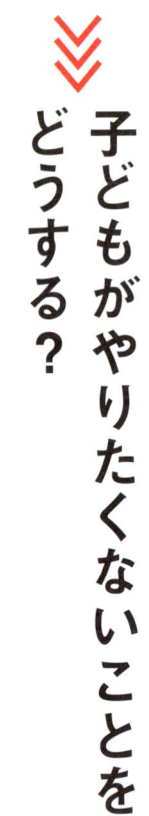

子どもがやりたくないことをどうする？

自律性を損なわないように制限する

子どもがやりたいことで自律性を尊重するのは、それほど難しくありません。人には生まれもった好奇心があります。**親が無理にやらせたり、ご褒美を約束したり、先回りして失敗を回避したくなるのをぐっと我慢すれば、学びたい、うまくなりたい、経験してみたいという気持ちを邪魔しないでいられます。**

では、子どもがやりたくないことで自律性を尊重するにはどうしたらいいのでしょう。なんの制限もなくやりたいことをやらせて、やりたくないことはやらせなくていいのでしょうか。そうやって、世界に通用する子どもは育つのでしょうか？

きっと育たないでしょう。責任感も大切ですから。子どもを愛していて制限なくやりたいようにさせる迎合的な子育てスタイルだと、第2章で紹介したように、学力が低く、心理的に不健康で、問題行動が多い傾向になるのは、制限や子どもの責任という概念が抜け落ちているためです。

自分で決めてやる「自律性」と、やってはいけないことを守る「制限」は相反するように感じるかもしれませんが、ここまではしてもいいけど、ここからはしてはいけないという「制限」は、子どもに責任感を身につけさせることになります。

デシらは、自律性を妨げない制限のかけ方を研究して、親が次の3つの要素を持って関わると、自律性を損なわずに制限を守れるようになることを発見しました。ここでも、まず関係性から始まります。

①まずやりたくない気持ちに共感し、その気持ちを認める。

②なぜそのことが大切なのか、合理的な理由を説明する。

③圧力を最小限にした言い方や質問の仕方で伝え、選択の余地（自己決定）を与える。

やることは決まっていても、やり方や時間を選択させることも含みます。

例を見てみましょう。デシらは5歳児と6歳児を2つのグループに分け、次のように声を掛けて絵を描いてもらいました。

［第1グループ］統制的に関わりこう言いました。「いい子だから、道具をきちんと使いなさい！　守らなければならないことをきちんと守りなさい！　絵の具を混ぜこぜにしてはいけません！」

［第2グループ］自律性を尊重してこう言いました。

「絵の具をこぼして遊ぶことが楽しいことはわかるけど（共感）、この場所はこのあと、ほかの友達も使うので（説明）、道具や部屋をきれいに使ってね（圧力を最小限に）」

すると、劇的な違いがあり、第2グループのほうが部屋をきれいに使いました。よく学校の先生が、厳しく言っても聞かない子どもたちを怒鳴ることがあります。実は、それが子どもたちをさらに聞かなくさせているのです。**子どもたちの目線に立って共感し、理由を説明し、圧力を最小限にしたリクエストをするといい**のです。

あるお母さんは「思春期の息子と、ゲームについてずっとバトルしていたのですが、子どもが自分でゲームをやめるようになって、最近はいい感じです」と報告してくださったので、どう関わったのか聞くと、講座で学んだまさにこの3つの関わり方をし

★自律性を損なわないで制限する方法

	例
共感する	それをやりたくない気持ちを認め、伝える。
説明する	なぜそのことが大切なのか、合理的な説明をする。
自己決定	圧力を最小限にした言い方などで、選択の余地を与える。

ていたのです。息子さんは、平日は学校から帰るとずっとゲームをやるので「いつまでやっているの！」を繰り返していました。お母さんが子どもの視点に立って、ゲームをやりたい理由を聞いてみたら、友達とおしゃべりしながらやるのが楽しいそうで、一人のときは暇つぶしということでした。そこで、次のように伝えたのです。

友達とゲームをするのが楽しいのはわかる（共感）。

でもあなたはまだ中学生で、これからいろいろなことを学んでいかなければならないから、勉強もしてほしい（説明）。

どうすればいいか考えてね（自己決定）。

すると彼は自分で考えて、ゲーム友達の家が学校から遠くて、21時を過ぎないとゲームができないから、22時までゲームをさせてほしいと言いました。学校では友達とのやりとりは21時までと決まっていたのですが、息子さんの気持ちを尊重して、22時までできるようにし、やることは全部終わらせると約束したのです。

すると、自分で意識して22時に終わったり、まだやっているときに声を掛けると「これが終わったらやめる」と言ってやめて、喧嘩にならずにすんでいるのです。

第4章で紹介した「共感」、大切な理由をわたし文で伝える「説明」、本人に決めさせる「自己決定」が揃うと、多くの親が苦労しているゲーム問題は改善します。

自分で決めれば責任感が生まれる

この話は、大切なことを物語っています。**子どもは自分で決めたら、責任を持って守るということです。自分で決めさせないで責任だけ負わせようとしても、難しいのです。**子どもに決定の機会を与えると、次の効果があります。

①人間として尊重されたと感じる。
②やらされていないので、内発的モチベーション（興味などの楽しみ）が高まる。
③自分で決めたことの権限を感じ、責任感が芽生える。

私の子どもも、夜にたたんだ衣類を翌朝片付けなかったときに、次のように伝えたら、自分からしまうようになりました。

「服を部屋まで持って行って片付けるのは面倒くさいよね（共感）。でも、ここに置いたままだと、せっかくたたんだのが崩れたり汚れたりするから（説明）、朝一番で片付けてくれると助かるな（圧力を最小限に）」

一つ注意点があります。このスキルは、子どもをコントロールするためのものではありません。**このように関わると、子どもが社会的な価値観を自分のものとして受け入れ、幸せになるのです。**私たちはそのために共感し、説明し、圧力を最小限にするのであって、コントロールするためではないことを理解してください。

このプロセスには嬉しい副産物があります。この3つのステップを意識すると、親自身が、動物脳ではなく人間脳が活性化するのでカッとしなくなり、冷静に対応できるようになるのです。

洗濯物の例だと、「洗濯物が崩れたり汚れたりしないため」と説明したので、もし子どもたちが忘れてしまっても、それをただ子どものベッドに持っていくだけですみます。共感や説明をしていないと、焦点が「子どもが自分の言うことを聞いたかどうか」という問題になってしまいイライラするのです。

前述の絵の具の実験のあと、何も知らない大人が、幼児の絵の芸術性を評価すると、**自律性を尊重して関わってもらった幼児の絵のほうが芸術性が高かった**のです。人間脳が刺激されるからで、これも嬉しい副産物ですね。

子どもは課題をもらえば責任を持って行動する

親は子どもの課題を取り上げない

最近こんなことがありました。息子の早朝のサックスの練習が始まり、水曜日と金曜日は、ほかの曜日より早く7時半には家を出ないといけません。

夫は朝、彼を連れて行ってくれるので、6時半に起きて朝ごはんをつくり、息子に「早くしなさい」と言い続けていたのです。自分が彼のために早起きして頑張っているのに、息子がてきぱきやらないからイライラしたのでしょう。

ここで、夫が息子の課題を奪っていることがわかりますか？　7時50分までに学校に着くのは息子の課題なのに、夫の課題になっているのです。夫に言っても伝わらないので、「私が水曜日と金曜日は連れて行くから、あなたは普通にしていてね」と伝え、息子にはこう言いました。

「7時50分のサックスの練習に行くには、家を何時に出ると間に合うかな？」

★自分と相手の課題を分けてみる

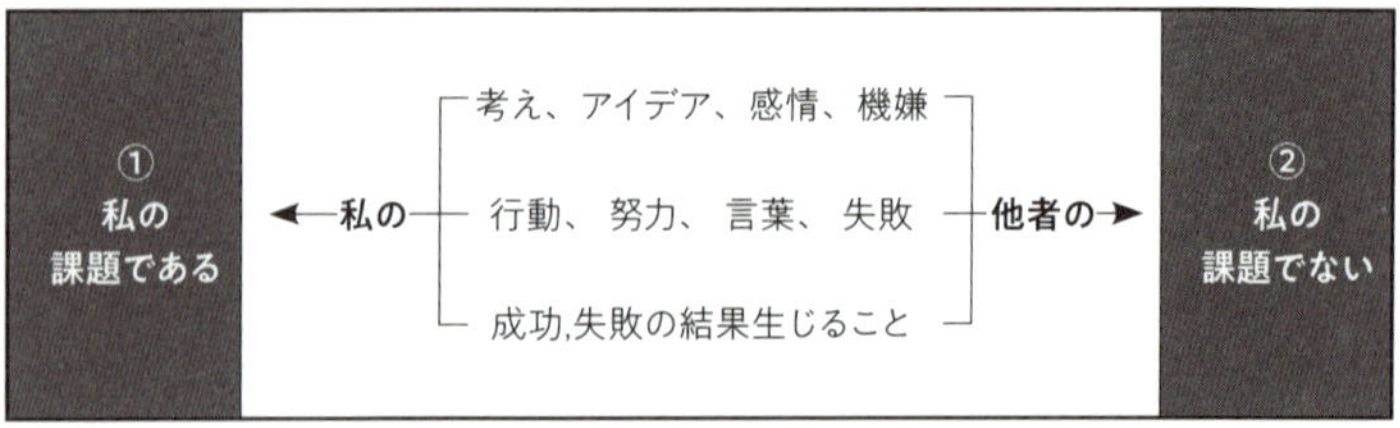
①
私の
課題である
私の
考え、アイデア、感情、機嫌
行動、努力、言葉、失敗
成功,失敗の結果生じること
他者の
②
私の
課題でない

あなたは自分の考えや行動しか変えられない

「7時半」

「じゃ、準備ができたら言ってね。あなたが行きたいときに連れてってあげるから」

そのあとは、私は自分のことをしていました。すると息子はささーっと準備して、7時半より少し前に、「ママ、行こうよ」と言うようになったのです。朝のイライラガミガミはなくなりました。

私が子どもの課題を取り上げないようにしたので、子どもはそれを自分の課題とし、責任を持って行動したのです。親ができるだけ子どもをコントロールしないようにするには、**親の課題と子どもの課題を分けることから始まります。**

本当の課題は、上の表の②であって①ではありません。私たちはこれを取り違えがちです。自分が変わることで、相手がたまたま変わることはあるかもしれませんが、相手を変えることはできないのです。

課題を分けられない最悪の状態が、親子心中です。子どもの将来を憂いて親が自分の命だけでなく子どもの命まで奪うわけですが、子どもの将来は子どものもので、親のものではありません。

こんな悲劇的なことでなくても、親は子どもの課題を取り上げがちです。**親が子どもの課題を取り上げると、うまくいかなかったときに子どもは親のせいにします。**

この朝の問題は、多くの家庭が抱えているようです。私が主催するグローバル・ペアレンティング・サークルでもよく上がる話題です。子どもの朝の支度に嘆くお母さんがとても多いのですが、子どもの課題を奪っていないか考えてみましょう。

子どもにしてみても、次に何をすべきかを親がずっと言ってくれて、遅刻しないようにしてくれれば、何も困ることはありません。自分の課題になりませんね。

前述の、私の朝が急に楽になったときに印象的だったのは、娘が私に一生懸命話しかけてきたとき、「喋ってないで着替えなさい!」というのをこらえ、ウンウンと聞いていたら、娘がチラッと時計を見て、「ママ、ごめんね、こんな時間だから私、着替えなきゃ」と言ったことです。学校の準備をして遅れないように家を出ることは、娘の課題であって私の課題ではないと口に出さないようにしていたら、自分で考えるようになったのです。これが、子どもの課題を取り上げないようにした結果です。

子どものコントロールをいつ手放すか

子どもの成長段階に合わせて自分でできることを見極め、話し合って、**親が「先に」コントロールを手放すと、そこに自律が芽生えます。**この逆はありません。子どもをコントロールしながら自律を願っても、それは難しいのです。

子どもの自律性にもう一つ大きな影響を与えるのが、課題の難しさとスキルのレベルです。難しすぎると人は不安を感じ、やさしすぎると退屈を感じます。これを調節していくのは親の役目です。

早期教育で、まだ左脳の発達していない子どもに文字などを教えても、課題が難しく自信をなくすし、効果があるというエビデンスがないため、私はおすすめしていません。ギリギリで釣り合っているスイートスポットを探してみましょう。

今回は書けませんでした、楽しく没頭すること（フロー）も自己効力感を高めます。

第7章

多様性を尊重するように育てる

～皆と同じでなくていい、優劣もつけなくていい～

多様性とはそもそも何だろう

子どもはもともと多様性を尊重している

2018年夏の終わり、アメリカでは新しいクラス名簿が郵送で届くので、みんなそわそわしています。娘に届いたとき、おもしろいことがありました。

娘は、発達障がいや学習障がいを持つ特別支援の子どもたちとの合同クラスになりました。昔は分けるのが主流でしたが、今は合同にするほうに変わってきていて、私は学者としても母親としても、この制度はいいなと思っていました。**いじめや差別の原因の一つが「知らないこと」なので、同じクラスで触れ合うと多様性が学べる**と思うからです。

実は、障がいを持っていない子たちは、そうでない子より多くのことをしないといけないとか、特別支援がいらない子は、いる子より損をすると思っているお母さんたちがいます。例えば、娘の友達は、「学校の本の整理をするとき、特別支援の子は遊べるけど、賢い子は手伝いをしなければならない」と、文句を言っていたらしいのです。

それで、クラス分けの手紙が来たときに、娘に聞いてみました。

私「合同クラス、どう思う?」

娘「いいと思う。いいクラスだよ」

ちょっと、その友達のことを意識して聞きました。

私「あなたは特別支援の子を助けてあげたりするのかな?」

そのときの返事と顔つきがかなり印象的で、一生忘れられないものになりました。

娘は一瞬、「何を言っているのかわからないなー」という顔をして、ゆっくりこう言ったんです。

「え、どういう意味? ママ、そんなんじゃないんだよ。みんな普通の子なんだよ」

その言葉がすごくいいなと思いました。そして、「多様性を尊重する」とはこういうことだと思ったのです。

特別支援の子と、そうでない子を分けているのは大人のほうで、娘の中では、ただ

違いがあるクラスメートなのです。そしてその違いは、髪の色の違いなどと変わらないのです。続けて私は質問しました。

私「でも3年生とのき、Lちゃんがいじめられていたとき、あなた、よく助けてあげていたじゃない」

娘「ママ、そうじゃなくって、いじめられていたら、その子が誰でも助けるよ」(特別支援の子だから助けるんじゃないんだよ)

私「……」

もうかなわないと思いました。彼女は特別支援の生徒たちを下になんか見ていないのです。算数がわからない子にも教えてあげてるって、息子も娘もよく言っていますが、それも特別に支援が必要な子だから教えているわけではなくて、ただ必要だから教えている。自分がわからないときは教えてもらっているようです。

そして、いじめられている子を助けるのは、弱いものを助けているのではなくて、人間として誰でも助けるということ。感動してしまいました。

娘の友達は、本を片付けずに遊びたかったら、賢い子と賢くない子に分けることで賢い子だけ損してると感じてふてくされるのではなく、先生に、「私も今日遊びたいな」と言えたらよかったと思います。**ただの違いに優劣をつけてグループに分けてしまうと、自分にないものを排除する気持ちにつながります。**

差別やいじめにつながる偏見は、本能的なものもありますが、親やまわりの人から身についてしまうことが多いのです。「あの子は○○だから、遊んじゃいけません」は代表的なものですね。「あの子は、弱いんだから助けてあげなさい」っていうのも、いいことを言っているようで、実は上下をつくっている感じがします。誰かを役割にはめないで「みんなで協力しよう！」と言えばいいのです。

あなたはあなたのままでいい

「多様性」がメディアで騒がれています。女性の管理職への登用や、性的マイノリティの話が多いようですが、多様性とはいったい何でしょう。そこには、性質の異なるものが一緒に存在するということで、性別や性指向性、人種に限らずさまざまなものがあります。

●国、人種、文化、地域（県も街も）、家族、個人

●性別、年齢、障がい、家族の形、働き方
●価値観、思想、宗教、哲学、性指向性、受け止め方……

障がいといえば、先日アメリカのコーヒーショップでクレジットカードを渡した店員さんには指がありませんでした。ちょっと驚きましたが、店員さんは普通です。アメリカでは障がいを抱えながらも、普通に暮らしている人が多く、とてもいいことだと思います。

働き方でいえば、私の大好きなアメリカのスーパーマーケットの、トレーダージョーズでは、働く人をクルーと呼び、働く時間を自分で好きに選べます。そして、就業時間に限らず社会保険が出ます。学生アルバイトなら、試験の忙しいときは時間を減らし、夏休みは増やせるようにできるのです。

そして、みんなで調整しやすいように、1人が全工程をこなせるようにトレーニングしています。多様性が尊重されているわけです。

時短や育休などの制度があっても、それを活用する人たちに非言語の批判があるなら、多様性が尊重されている社会とはいえません。

多様性というのは、「多様な性質のものが存在する」という現象でしかなく、好きであれ嫌いであれ、どこにでもあるものです。では、多様性を「尊重」するというのはどういうことでしょう。次のことが考えられます。

●単に違うこととしてとらえ、優劣、善悪、よし悪しとしないこと

●多様性があることを望ましいと考えること

●個性を強みと見ること

究極は「多様であっていい」「あなたはあなたのままでいい」というメッセージになり、無条件の自尊心と関係してきます。多様性は関係性の欲求の一部です。

ここで注意したいのは、多様性というと人種や性別がよく取り上げられますが、同じ国で、同じ人種で、同じ性別でも、多様性は存在するということです。人種や性別は目に見える多様性ですが、性指向性や価値観など目に見えない多様性もたくさんあります。黒い目、黒い髪、手が2本、足も2本あって、見かけは似ていても、**みな多様で、一人として同じ人はいない**ということです。

多様性を学ぶことがなぜ必要なの？

多様性は人生も世界も豊かにする

ではなぜ、多様性を尊重することを学ぶ必要があるのでしょう。この本はデシの自己決定理論の3要素にもとづいて書いてきましたが、これだけは外せないと思って加えたのが、この「多様性」です。その理由は大きく分けて次の3つです。

①幸せのため

自分が自分らしく生き、相手が相手らしく生きる社会は、誰にでも優しい平和な社会です。自分、他人、社会の幸せのために多様性の尊重は必須なのです。

例えば、働く母親に優しい社会や制度は、子どもがいない方にも、介護する役割についたり、病気になったりしたときに、同じように生きやすい社会や組織になります。

また、**多様なつながりを持っていると、幸福度が高まる**ことがわかっています。

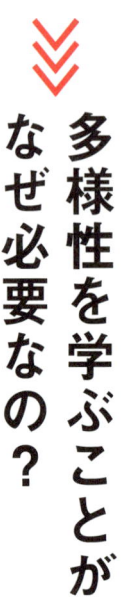

国連の世界幸福度調査の指標の一つに「選択の自由」があります。日本はこの指標が低く、生活水準もＧＤＰも高い国なのに幸福度が低いのは、この選択の自由度が低いことが関係しているのではないでしょうか。

人は社会的な動物ですから、一緒に生きているまわりの人たちに受け入れられることがとても大切で、多様性が許されていない場所では、排除を恐れ自信を持って思うままの選択などできないでしょう。**多様性が尊重される社会は、自己決定ができる社会であり、幸せな社会と言えます。**

②成長のため

多様な価値観は視野を広げるので、ポジティブな感情と同様に拡張形成が起きます。視野が広がると人は成長しリソースを形成し、イノベーションや生産性が高まります。

２００７年にマッキンゼーがカナダ、イギリス、アメリカなど３６６の組織を対象に行った調査では、経営陣における多様性と同業他社との業績比較は関連していました。経営陣の人種の多様性が高い上位25％の組織は平均よりも業績が35％よく、性別の多様性が高い上位25％の組織は平均よりも業績が15％よく、人種と性別の多様性が低い下位25％の組織の業績は業界平均水準に達しないという結果でした。

③社会で活躍するため

これは、グローバル社会では必須のことでしょう。外資系企業や違う国で働かなくても、個人にも小さなグループにも多様性はあり、多様性を尊重できれば、よい関係がつくれ、幸せに働けます。第1章で紹介した「世界に通用する子ども」の定義は、「世界中どこにいても、幸せで、自分の強みを生かして、社会に貢献できる子ども」です。そのためには多様性の理解と尊重が鍵となります。

子どもは多様性を認められれば育つ

多様性を考えたときに役立つのは、違いをおもしろがることです。「それはおもしろい！」「日本ではこうで、アメリカではこうなんだ。おもしろいねー」「〇〇ちゃんはこう思って、〇〇ちゃんはこう思うんだね。みんな違うんだね。おもしろいねー」「パパはこう思うけれど、ママはこう思うのよねー」という具合です。違いに優劣をつけず、そのまま興味深く見る、そういう練習ができるといいですね。

役に立たないのは日本の空気を読む文化です。よい面もありますが、はっきり口に出さずに相手に気持ちをくんでもらおうと願っていては、違う価値観を持つ人たちの間では理解が深まりません。第3章で紹介したアサーティブ・コミュニケーションで、相手を大切にしながら自分の気持ちをはっきり伝える練習をしていく必要があります。日頃から、子どもにも自分の気持ちを表すように励ましましょう。

そして、**多様性を尊重する子に育てたければ、子ども自身の多様性を認めることです。自分の多様性を認められれば、その子は人の多様性を認められるようになります。**「私は私のままでいい、人と違っていていい、どんな自分でも愛されている」と感じられれば、人に対してもそのように感じられるようになります。

このとき、ネガティブな感情も否定せずに共感することが大切です。いじめや暴力などの「行動」は否定しても、相手に対して嫌な気持ちになった「感情」は認めましょう。気持ちは否定されると膨らみ、認められると解消するのです。

多様性を認めてもらい、多様なつながりを持ってほかの人の多様性を尊重するようにしていけば、多様性は自然に育ちます。関係性、自己効力感、自律性は満たされると育つとお伝えしてきましたが、**多様性は認められれば育つ**のです。

そして、**親が多様性を生きることが大切**です。「私はこのままでいい、人と違っていていい」と思え、ネガティブな気持ちも受け入れ、セルフコンパッションを育み、多様なつながりを持つように意識して、他人の多様性を尊重して生きることです。

以前、ある方が、子どもがアメリカの現地校から日本語学校に通うようになり、クラスの子たちはキャラ弁のような手の込んだお弁当を持ってくるけれど、その方は何年も前から現地校に通わせていたので、サンドイッチなどの簡単なお弁当しかつくれず悩んでいたことがありました。今さらつくれないというのです。

そのときに、「そのキャラ弁でないお弁当が、日本語学校の友達が多様性を学ぶいい機会になるのではないか」というようなことを私が言ったらしいのです。ずっとあとで、「そう言ってもらえてとても気が楽になり、子どももわかってくれてストレスがなくなりました。感謝しています」と話してくれました。

「あなたがあなたらしく生きる」ことが、多様性を尊重することになります。

ここで、デシの心理的欲求ごとに、この本で紹介している具体的な関わり方と、欲求同士の関連を2ページにわたってまとめておきます。参考にしてください。

★世界に通用する子どもが育つ親の関わり方

欲求	自律性を高める関わり方 （欲求を満たす、支援的な関わり）	自律性を妨げる関わり方 （欲求を満たさない、支援的以外の関わり）
関係性	・愛を伝え安全基地になる。 ・子どもを信頼する。 （検索を妨げない、挑戦させる、失敗も妨げない） ・子供の視点に立ち気持ちに共感する。	・愛を伝えない。 ・よいときだけ愛を伝える ・子どもを信頼しない。 （探索を妨げる、挑戦させない、失敗する前にやってあげる） ・子どもの気持ちを無視する。
自己効力感	・結果でなくプロセスに注目する。 ・失敗を非難しない。 ・能力は伸びる、いつかできると伝える。 ・強みに注目して使うように励ます。 ・楽しみを大切にする。 ・スキルレベルにあった課題を与える。	・結果にこだわる。 ・比較して競争させる。 ・失敗を非難する。 ・どうせできないと伝える。 ・弱みばかりに注目する。 ・苦しみから学ぶと考える。 ・スキルより高すぎる、または低すぎる課題を与える。
自己決定	・子どもの視点で見て共感する。 ・意味のある選択ができるように理由を十分に説明する。 ・圧力を最小限にし選択の余地を与える。 ・すべてでなく一部でもいいので、発達段階に合わせた自己決定を尊重する。 ・子どもと親の意見が違うときは、親の気持ちを十分に伝え、お互いの納得いく別の選択肢を考える。	・親の期待を押し付ける。 ・力を使い強要する。 （交換条件付きの報酬、罰、脅し、指示、強要、監視） ・子どもを信じず、過渡に干渉する。 ・子どもに決定する機会や選択肢を与えない。代わりに親が決める。 ・説明せず情報も与えず、親の言うことだから間違いないとやらせる。
多様性	・違いを優劣をつけず認める。 ・多様性を尊重する。 ・子どものそのままを認める。 ・違いをおもしろがる。	・違いに優劣をつける。 ・同質性を求める。 ・子どもを否定する。

★基本的欲求は関係し合っている

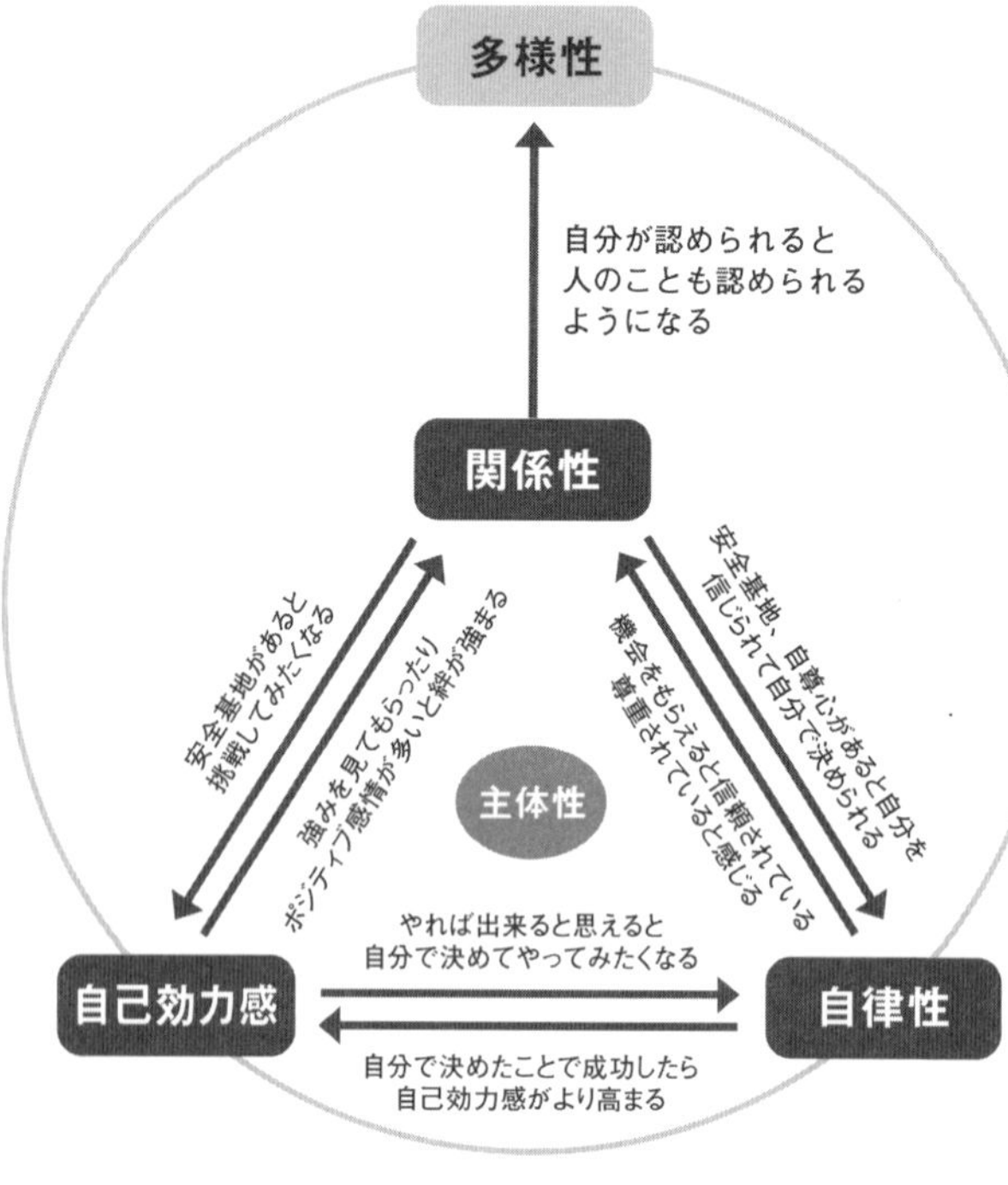
多様性
自分が認められると
人のことも認められる
ようになる
関係性
安全基地があると
挑戦してみたくなる
強みを見てもらったり
ポジティブ感情が多いと絆が強まる
安全基地、自尊心があると自分を
信じられて自分で決められる
機会をもらえると信頼されている
尊重されていると感じる
主体性
やれば出来ると思えると
自分で決めてやってみたくなる
自己効力感
自律性
自分で決めたことで成功したら
自己効力感がより高まる

第8章

親のあなたが幸せになるために

～一人で完璧にできなくていい～

親が統制的になるときが危ない

夫、子どもと愛に溢れる日々

2007年の1月1日、私のもとにかわいい赤ちゃんが来てくれました。自分にはないと思っていた母性が溢れ出て、かわいくてかわいくて、あきることなく顔をのぞきこんでいました。

育児休業1年の半分を秋田で過ごし、最初は大変でしたが、すくすくと育ちました。夜泣きはほとんどなく、いつも笑っていました。寝返り、お座り、立ち歩き、どれも2カ月前倒しでこなし、病院の先生たちも驚いていました。

私は子育ては簡単にできると思っていました。私は母子家庭で厳しい環境で育ちましたが、母親の愛情をたっぷり感じてきました。3人の兄と弟もすくすく育ち、今ではそれぞれ家庭を持ち、好きな仕事をしています。

このように育てられる中で気づいたのは、子どもはしっかり愛されればあとは放っておいても育つということです。私は子どもの発達について長い間学んでいたし、大学ではエリクソンの情緒の発達やピアジェの認知の発達や行動理論を教えていました。「今はこういう時期だから、こうすればいい」とわかっていたので、満足のいく子育てができていたと思います。

そして育休の残り半分を、大学院に進んだ夫についていってニューヨークで過ごし、その間も、聞き分けのいいニコニコした息子に助けられていました。

その翌年1月、私は夫を残して息子と日本に戻り、仕事に復帰しました。ワンオペ育児、フルタイムで働き、息子が何度も入院するという状況でも頑張っていました。保育園に子どもを迎えに行かず寝ていたいくらいの疲労は時々ありましたが、子どもには愛情をもって接していたし、叱ることも一度もありませんでした。

そうこうしているうちに、夫が修士課程を10カ月で終え、日本に戻ってきて娘が生まれ、2人ともやりがいのある安定した仕事に就き、掃除や炊事もお手伝いさんに来てもらって、毎日忙しいながらもこなしていました。キャリアもあり、子どもも育て、優しい夫もいて、周囲からは羨ましがられていたかもしれません。

そして息子が3歳半、娘が2歳になったとき、夫が博士課程に進みたいと言い出しました。やりたいことはやってほしいし、心理学をしているものとしては、自己実現はどうしても応援したい。それで夫をアメリカに送り出しました。

……一転、暗黒の日々に

実はそこからが私の暗黒時代でした。自分は知識もスキルもあるし、それまでもできていたから、やっていけると思っていたのです。子育てを甘く見ていました。

私の勤務形態をおもしろく思わない大学事務局のある人からは相当な嫌がらせがありました。そのはけ口からなのでしょう、子どもたちを力でコントロールしようとし、脅し、罰を与え、叱り……。子どもたちはよく耐えていたと思います。

初めて手を上げたときのことを覚えています。夫が8月にアメリカに発ち、9月の初めに長野から母が3週間手伝いに来てくれて、戻って行きました。小さな子どもたちと3人で向き合っていた3連休の最後の日。頭ではわかっているのに、まったく行動が伴わない。誰かに相談したかったけれど、児童相談所に通報されて愛する子どもたちを取り上げられてしまうのではないかと恐れていました。

今思えば、子どものことばかり考えて自分の食事に気が回らず、ひどい貧血でイライラしやすかったし、長い間にしみついた「完璧でなければ愛されない」という条件付きの自尊心があったので、誰にも支援を求められません。孤独で辛かった……。子どもたちが寝た後、その頭を撫でながら泣いて謝っていました。

でも、知っていても、どうしても統制的になってしまった大きな原因が、今ならわかります。私がストレスやプレッシャーを感じていたのです。大学事務局の嫌がらせに加え、夫が学生に戻って収入が減り、年間何百万円という学費がのしかかっていました。

私が倒れてはすべてが終わりなので、必死に生きていました。風による小さな物音でも、泥棒や犯罪者がこの小さな家庭を襲いにきたのではないかと恐れ、夜中に何度も目を覚ましたものです。

圧力がかかるとほかに圧力をかける

この世には、統制したがる親、教師、管理職がたくさんいますが、その多くは**スキルを学べば統制などしなくても思いを通せる**ようになります。デシらは、管理職に支援的な関わり方を教えると、本人にも部下にもよい影響があったと報告しています。

しかし、大きな圧力を感じているときは、スキルでは解決できないときがあります。デシらも、**「人は圧力を感じていると、つまり管理されていると感じると、その人を管理的にしてしまう、ほかの人を管理するようにしてしまう」**という仮説を立て、実験しました。

教師役を決め、問題の解き方を学生に教えるように指示します。その教師役をランダムに2つのグループに分け、一方には「教師としてのあなたの責任は、生徒によい点を取らせることです」とプレッシャーをかけ、もう一方には何も言いません。

教えている態度を録画して分析すると、大きな違いが見られました。高成績を求められたグループは他方と比べると、セッション中に訓話らしき話をしている時間が2倍もあり、「○○するべきだ」という命令的な言葉を2倍、管理統制的な話を3倍もしていたのです。
これまで見てきたように、成績を上げるための統制的な態度が、結局は子どもたちのやる気、創造性を奪い、逆の結果を出すというパラドックスが起きるので、とても悲しいことです。デシらは、親や管理職が圧力を感じるほど、子どもや部下の自律性を支援することが困難になると結論づけ、著書『人を伸ばす力』の中で次のように言っています。

「親、教師、管理職など上の地位にいる者が自律性を支援されなければ、子どもや部下の自律性を効果的に支援できない。支援策を見つけること、すなわち自律、有能さ、関係性への欲求を満たすネットワークを見つけることは、彼らが教えたり世話したり監督したりする人たちの自律性を促進する最も重要な側面である」

親の幸せにいちばん大切なものは？

親が圧力を感じていると子どもに影響する

ここまで、今の時代に必要な支援的な子育て法を見てきました。子どもは「関係性の欲求」「自己効力感の欲求」「自律性の欲求」を満たされ、「多様性」を認められれば自然に育ちます。それを可能にするスキルもたくさん学びました。愛の言語、共感、スキンシップ、ACR、わたし文、プロセスフォーカス、強みスイッチ、説明すること、選択肢を与えること——どれもすばらしいスキルで大きな変化が期待できます。

しかし**親自身が、関係性、自己効力感、自律性の欲求を満たし、多様性が尊重される環境にいなければ、子どもたちにそのような環境を用意することは難しい**のです。

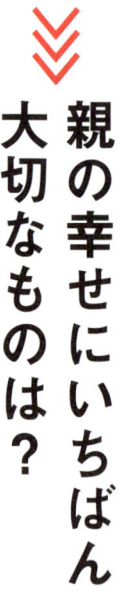

親がなんらかのプレッシャーを感じていると、次のような悪い循環が起きます。

まず、親が自分のストレスを子どもに発散してしまいます。なぜかというと、安全

★親の環境が子どもの人生に影響する

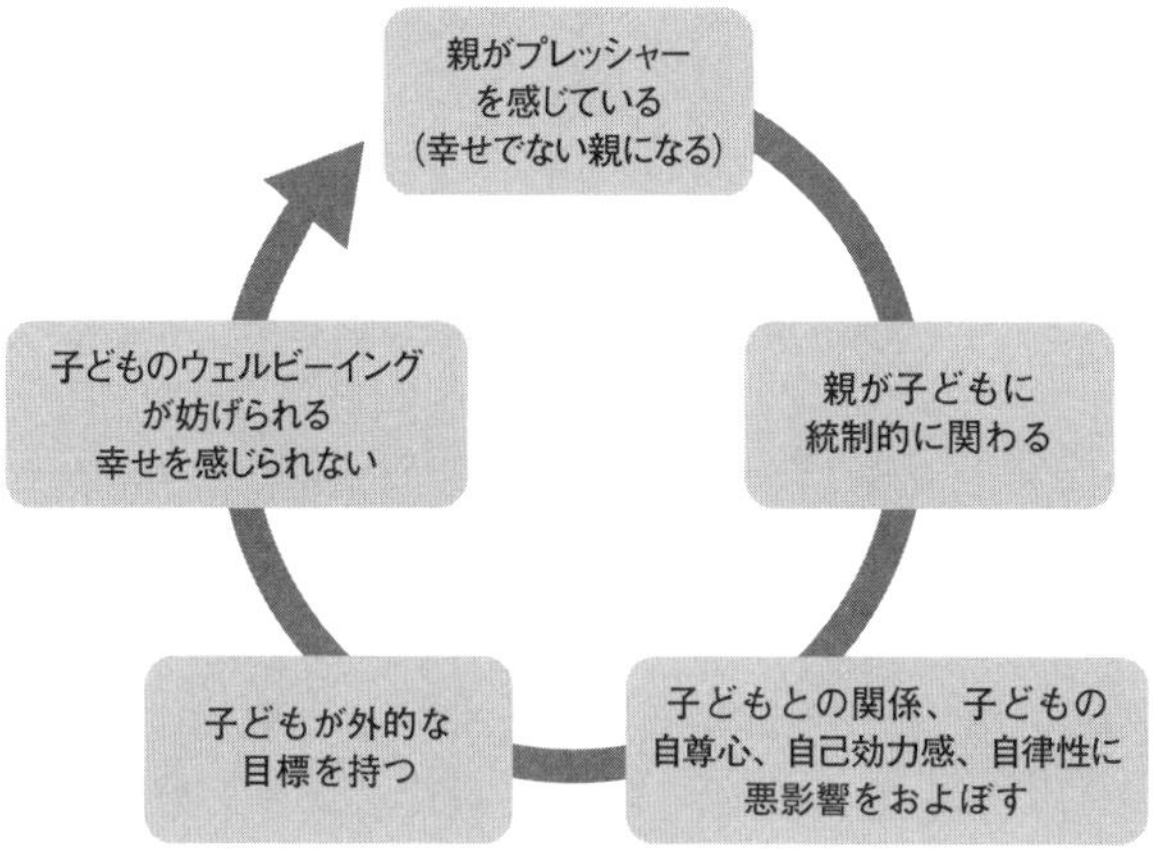
親がプレッシャー
を感じている
（幸せでない親になる）
親が子どもに
統制的に関わる
子どもとの関係、子どもの
自尊心、自己効力感、自律性に
悪影響をおよぼす
子どもが外的な
目標を持つ
子どものウェルビーイング
が妨げられる
幸せを感じられない

だからです。本当は上司に不満があっても、直接不満を言えば翌日から仕事がないかもしれません。そのストレスは無意識ですが、より安全な場所、親を無条件に愛している子どもへ向かうのです。

そして、子どもをコントロールして、子どもとの関係が悪くなり、子どもは、成長にいちばん大切な安全基地を持てなくなってしまいます。

統制されればされるほど、子どものモチベーションは下がり、罰は自尊心を傷つけ、何をやっても無駄と思い、自己効力感が下がります。

条件付きの自尊心を身につけた子どもたちは、何かで自分をよく見せようとして達成や地位などの地位財を追い求めるのですが、第1章で紹介したように、手に入れても幸せになれないという悪循環が起こるのです。

デシらは、卒業間近の大学生に、これからの人生で地位や成功などの地位財を目指すか、人の役に立つなどの非地位財を目指すか聞いた上で追跡調査をしました。結果、後者が幸せになり、前者は地位や収入を手に入れる入れないにかかわらず、幸福度が低かったことがわかっています。親がプレッシャーを感じていることが、子どものウェルビーイングを最終的には妨げるのです。

人とのつながりがウェルビーイングを高める

第2章で紹介したように、コロンビア大学のルーサーらは、裕福な家庭の子どもたちのストレスは、母親が批判的な場合に高いことを発見し、その母親たちをケアする人がいないことが原因だと考えました。胸が痛みます。

その流れでルーサーらは、「お母さんを世話するのは誰？　母親のウェルビーイングに貢献する要因」という論文を発表しました。２０００人の母親を対象に「自分は子育てをできている」という子育てスキルの自己効力感よりも、社会的なつながりのほうが、母親のウェルビーイングに2～3倍も関係していることを発見したのです。

この研究は、子育てスキルの指標（7つ）と、つながりの指標（8つ）それぞれが、母親のウェルビーイングの指標（7つ＝母親の不安、うつ、ストレス、虚無感、孤独感、人生満足度、自己実現・達成）にどのくらい関係しているかを調べました。スキルよりつながりのほうが大切で、つながりの指標のうち次の4つは、ウェルビーイングの全指標と関係していました。

①無条件の愛情を感じられるつながりがある

無条件の愛は子どもに不可欠と言われますが、ルーサーらは、母親にもいちばん不可欠と言っています。パートナーや友達に限らず、親戚でも専門家でもほかの誰でもいいのです。ただ、子どもからこれを得ようとすると、アダルトチルドレンなどの問題が起きるので、ほかに安全基地を持つことが大切です。

②何かあったときにいつでも慰めてくれるつながりがある

いつでも安定していて何かあったときに頼れたり慰めてもらえる、弱音を吐ける人がいるということです。これに関しても、誰でもOKということです。

③ありのままの自分でいられる人間関係を持っている

ニューヨークに引っ越してきたとき、本音で話せる人がいなくて辛かったことを覚えています。自分を取り繕ったりよく見せようとしなくていい人間関係は大切です。

④満足できる友人関係がある

友人は、家族より影響が大きいことがあります。遠くの親戚より近くの他人という諺が思い出されますね。研究者は夫婦・家族関係と友人関係どちらも大切に育てていくことをすすめています。サポートが一つに集中せず、**多様なつながりを持つことが大切です。**

この4つの関係を一つにまとめて言えば、**あなたの幸せを願ってくれる相思相愛の関係やコミュニティを持つことが大切**ということです。

変えられないことより変えられることに集中

①と②（無条件の愛と安定した慰め）の影響は、ほかの要因の平均（母親の教育レベル、仕事を持っているかどうか、家族の収入レベル、子どもの年齢・性別など）よ

り5倍も大きかったのです。これを発見したときが心理学者の目が輝くときです。変えられる要因の発見です。**変えることで幸せが高められる要因を見つける、**そのために研究しているのですから！

私は「年子だから子育てが大変！」とずっと思っていましたが、年子というのは変えられないものです。それより、無条件に受け入れてもらえるつながりを育てるとか、悩んだときにいつでも相談できる人との絆を育てるとか、変えられる要因のほうが親のウェルビーイングには何倍も関係があるのです。

この論文を読んでいて、つながりの4要因を満たす環境だと思ったのが、手前味噌ですが2017年の秋からニューヨーク各地で開催し、今では日本でも恒例化している「ポジティブペアレンティングサークル」（PPC）です。

PPCは、コミュニティ＝サポートグループの形成を目指しています。子育て中のママたちをサポートしたいというファシリテーターたちが試行錯誤して、**自律性と多様性を尊重したコミュニティが各地でつくられています。**参加者のウェルビーイングが高まり驚いていたのですが、この4要因を満たしているからだとわかりました。

あなたが幸せになると何が起きる？

幸せはまわりに伝染していく

まずは親が幸せになることだといっても、簡単なことではありません。私の母は、母子家庭で4人の子どもを育て、おいしいものはみんな子どもたちのお皿にのせる、よく言えば思いやりのある、でも自己犠牲的な人でした。たくさんのことを我慢してきたでしょう。

日本には良妻賢母という言葉があり、そこにはよい妻でありよい母であるという意味はあっても「自分」がありません。自己犠牲には過労死という現象もちらつきます。

私も大学で働いていたときは仕事を優先していたため、子どもとの時間がほとんど持てず、毎日が疲れ果てて過ぎていきました。自己犠牲をしていた時間のほうが人生で長かったでしょう。

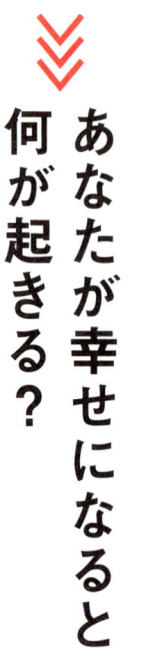

ウェルビーイングを学んでいちばんよかったことを、メールマガジンの読者の方々に聞いたことがあります。その中で印象的だったのは、**「自分が幸せになっていいという許可を出せたことです」**という声です。教えていると、よく聞く言葉です。

ここで朗報です。実は、あなたの幸せはまわりに伝染するのです。なので、自信を持って幸せになってください。

カリフォルニア大学サンディエゴ校のジェームス・フォーラらの研究で、このことが明らかにされました。約5000人が1983年から2003年まで20年間も追跡された貴重な研究結果です。ある病院の患者から始まり、その人の友人、子ども、孫についても何千人と追跡されました。

その調査報告書を見ると、幸せな人、幸せでない人、その中間の人を色別の点で表示し、つながりのある人を結んでいったところ、幸せな人は幸せな人同士でつながる傾向があるというのです。これは「類は友を呼ぶ」というように、すでに幸せな人たちが仲良くなっているのではなく、「幸せは伝染する」傾向があることがわかったのです。

このようなネットワークをつくって年代ごとに観察すると、ある時点で、幸せな人に囲まれている人は、その何年後かに幸せになる可能性が高かったのです。これは、ある同じ時期に一度データをとって比較する横断研究ではわからないことです。

あなたが「幸せでない」から「幸せである」にスイッチすると、1マイル（約1・6㎞）以内に住んでいる友達が「幸せである」確率は25％も上がります。お互いがいい友達だと思っているとくに仲のいい場合は、その友達が幸せである確率は63％も上昇し、隣家の人なら34％上昇します。

そして、あなたが「幸せでない」から「幸せである」に変わると、その幸せは3つめのゾーン（友達の友達の友達）まで影響します。フォーラーは、あなたが知らない、あなたの友達の友達の友達が幸せになることは、あなたが5000ドルを手に入れるよりも、あなた自身の幸せに影響する」と言っています。

逆に、自分を犠牲にして人を幸せにしようと思っても、自分の幸福度が下がればまわりも不幸せになると考えられます。私ばかりとなって、結局はまわりにぶちまけてしまうかもしれません。

★幸せは猛スピードで伝染していく

幸せは友達の友達の友達まで影響する

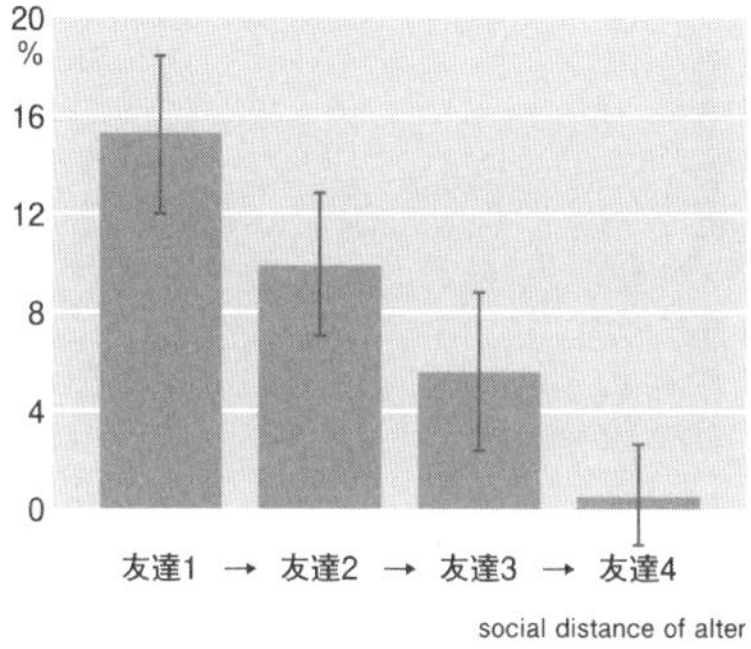

20
%
16
12
8
4
0
友達1 → 友達2 → 友達3 → 友達4
social distance of alter

あなたが幸せになると
まわりの人が幸せになる確率

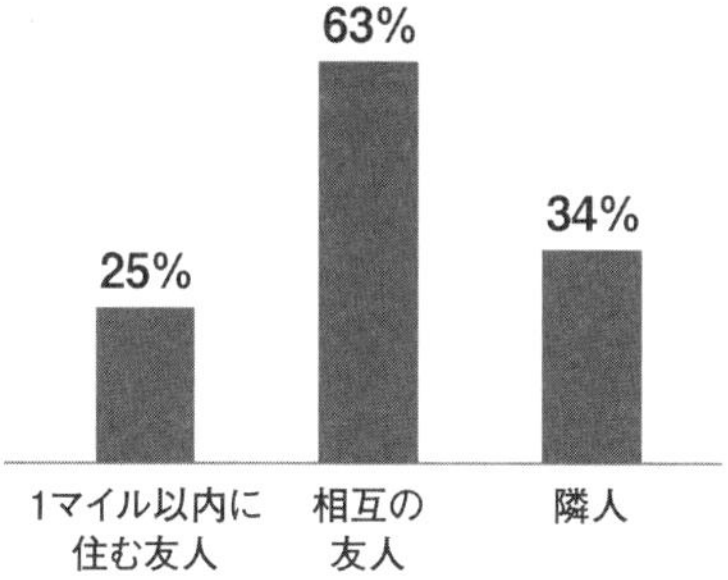

63%
34%
25%
1マイル以内に
住む友人
相互の
友人
隣人

Fowler & Christakis, 2008

幸せの膨張は止まらない

この研究者らは、論文の最後に、ソーシャルネットワークを通して、愛、思いやり、いいアイデアを広めていくことが重要だと締めくくっています。ある人が「幸せでない」から「幸せである」になること、その友達の友達の友達の幸せにまで影響するとしたら、こんなにすばらしいことはありません。

あなたが幸せになったことの影響は4人目でなくなりますが、あなたの友達の幸福度はそこから3ゾーン向こうまで影響するのですから、**実際には果てしなく拡大していくのです。**

原著の最後に、この研究の公衆衛生学分野への示唆が書いてあります。**ある人の幸せを高めようとすると、まわりの人の幸せもその人に影響する。病気の人がいたら、その人のまわりの人たちが幸せになると、当事者も幸せになる**のだと。

大学でカウンセリングをしていたころ、支援を求める学生は、支援を受けたことでよくなっていくと実感していましたが、その裏にいて苦しいのに支援を求められない学生のことがいつも気になっていたものです。先生方に、問題のある学生の見分け方や、カウンセリングへのつなぎ方などをお伝えしていましたが、その見えないところで苦しむ学生たちに対する焦燥感を感じていました。

世の中には苦しくても支援が求められない人がいます。でも、まずは幸せになろうと興味を持ってくださっている読者のみなさんが、ポジティブ心理学やウェルビーイングを学んで幸せになれば、それがまわりに伝染していくとわかり、安堵感を持てました。

臨床心理学から入った私が、病気の予防と健康の促進をする公衆衛生学に興味を持ち、そしてより幸せに生きることを目指すポジティブ心理学やウェルビーイングに出合ったことは、とても意味のあることだと感じています。

あなたが育つための環境をデザインしよう

子どもに支援的に関わるには、親も支援的な環境で成長することが大切で、**あなたの関係性、自己効力感、自律性の欲求が満たされ、多様性が尊重される環境を整えることが、親として一人の社会人としての責任でもあります。**

以下の質問に答えながら、自分の育つ環境を理解し、さらにこの4つの要素をより満たす方法を考えてみてください。この本で学んだことの復習にもなります。

①関係性をつくる方法

- あなたの安全基地は?
- あなたのつながりの中で、無条件の愛情を感じられる、何かあったときにいつでも慰めてくれる、ありのままの自分でいられる人や場所をあげてみましょう。
- 友人関係と夫婦関係の満足度は10点満点で何点ですか? それを1点増やすには何ができますか?

②愛を伝える方法

●あなたの愛の言語の上位はなんですか？　それらを満たすために、どのような工夫やリクエストができますか？

●あなたのパートナーの上位の愛の言語を満たすために、どんな工夫ができますか？

③セルフコンパッションを育てる方法

●あなた自身を思いやること、愛することがセルフコンパッションです。自分が辛いとき、責めずに思いやりを持てていますか？　自分に優しくするには、どのようなことができますか？　できるだけたくさん書き出してみましょう。

④自己効力感の欲求を満たす方法

●人生の中で、自分がしなやかマインドセット（能力は努力で伸びる）と、こちこちマインドセット（能力は生まれつき決まっている）を持っている分野を考えて、こちこちマインドセットの分野でしなやかマインドセットを持つとしたら、どのように変わりますか？

⑤強みにフォーカスして生かす方法

●あなたは自分の強みをどう使ってきましたか？

●より幸せに生きるためには、その強みをどう生かしていけばいいですか？

●あなたや家族の幸せのための障害はなんですか？　その障害を乗り越えるために、強みをどのように使いますか？

●あなたの強みにフォーカスしてくれる人は誰ですか？　そのようなコミュニティを持っていますか？

●夢中になれることはなんですか。その時間をどう増やせますか？

⑥自律性を高める方法

やらされているのではなく自分で決めてやっているという感覚があるといいですね。

●あなたの生活の中で、自分が好きだからとか価値があるからという理由で、自分で決めてやっていることはなんですか？

●あなたの生活の中で、やりたくないのにそれをしないと人から愛されないとか、誰かをがっかりさせるなどの理由で、いやいややっていることはなんですか？

●前項でやめられることはなんですか？　やめられないことの場合、少しでも自律性を高めるためにできることはなんですか？

⑦多様性を広げる方法

あなたがあなたらしくいられることが、多様性を尊重することになります。

●多様性を感じるつながりを持てる人は誰ですか？　そのような場はありますか？

●多様性のあるつながりを増やすには、これから何ができますか？

人はいつからでも変わることができる

人は幸せになるために生まれてくる

幸せの科学的研究が進み、「子どもが幸せになる親の関わり方」がわかっています。第1章では、幸せな子どもに必要なもの、第2章では、なぜこの時代に支援的な子育てが大切か、第3章から第6章では、子どもにもともとある「関係性の欲求」「自己効力感の欲求」「自律性の欲求」を満たすスキル、第7章では、これからの時代に外せない多様性、第8章では、親自身が幸せになることについて書いてきました。

20世紀以降に進んできた幸せになる科学的な方法を使わない手はありません。

人は誰もが、幸せになるために生まれてくる。どんなビジネスでも、関わる人を幸せにするために存在する。私はそう思っています。かつての私のように、孤独で、わかっているのに適切な関わり方のできない、毎日子どもの寝顔を見て涙を流す親を一

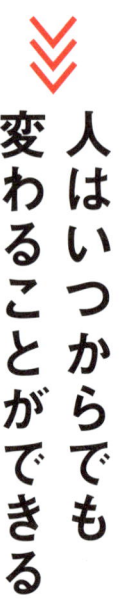

人でも減らしたいとも思っています。

そして、子どもは社会の子どもだと思っています。将来大きくなって、幸せな社会をつくっていく大切な一員となるでしょう。だからわが子は、今の時期だけお宝を社会から預かって、自分の家で育ってくれていると考えてみてはどうでしょうか。すべて一人で完璧にする必要はありません。社会の力を借りて育てていけばいいのです。

幸せになる方法の一つに、今をしっかり味わう「セーバリング」という方法があり、**この時期は今しかないと感じるほろ苦い思いは、人を幸せにする**そうです。

大学4年生に、「卒業まで1200時間ほどしか残されていない」と伝えられたグループは、「1年の10分の1が残っている」と伝えられたグループより、毎日を大切に生きるようになり、幸福度が高まったという研究があります。それを思うと、子どもが「ママ、ママ」とまとわりついてくれる今を、本当に愛しく感じます。

2018年12月25日の朝、子どもたちはクリスマスプレゼントを開け、おばあちゃんから贈られた本を静かに読んでいます。午後からほかのメンバーが集まり、みんなで料理しながらワイワイと準備するのですが、今回は料理で忙殺されないようにと、フランスのシャルキュトリバフェットというスタイルでサラダやチーズやお肉を並べるだけです。

数年前までは、子どもたちは、イブの夜、興奮して眠れなくて、サンタが来ないとか、なまはげが来るとか言って、朝は早く目覚めてしまい、メンバーが揃うまで我慢できずにプレゼントを開け、時間の感覚がわからないので、「みんな、あとどのくらいで来るのかな？」と数分おきに問い続ける慌ただしいクリスマスでした。

10歳、11歳は、アメリカではティーンエイジャー前の「トゥイーン」と呼ばれますが、今回はいろいろ違うなと感じました。友達とクリスマスギフトの交換を初めてした息子は今年、声変わりもするでしょう。

2年くらい前に反抗期が来た感じでしたが、それまで反抗することがなかったので「わー、嬉しい」と喜び、同時に「統制的な子育て」から「支援的な子育て」にシフトしたことで、落ち着きました。

この先もっと難しい時期が来るのかもしれませんが、それはそのときに一つずつ受け止めて、その過程を楽しんでみたいです。

人は何歳になってもそこから変われる

最後にお伝えしたいのは、**人はいつからでも変われる**ということです。脳神経は、興味を持って取り組めば一生新しい結合をつくり続けることがわかっています。よく「○歳までに○○をしないと、大変なことになる！」といいますが、そういうことはないのです。子どもも親もいつからでも変われるし、いつだから遅いということはなく、興味を持ったときが最適な時期なのです。

私の子育ての講座を受講された多くの方が、「もっと早く知っていればよかった」と言います。でも、もっと早く私の講座を知っていても、そのときは必要性を感じなかったでしょう。人は必要なときに必要なものが目に入るのです。

もちろん幼い頃から支援的な関わりができていたらいいのですが、そういう親を、私はあまり見たことがありません。誰も子育てを学ばず、あるとき突然親になるのです。あなたは自分のできる範囲でとても頑張ってきた。もしこの本を読んで後悔することが頭をよぎったら、自分の頑張りを認め、許し、子どもに辛い思いをさせたことがあるなら謝り、またここから幸せな未来をつくっていくスタートを切ればいいのです。

子どもは親が思っている以上にレジリエントですし、起きたことはすべてそのときの最善で意味のあることだったのでしょう。

そうやって子どもが幸せになれば、この世にあるほとんどの問題がなくなると思っています。日頃、不登校、ニート、引きこもり、自殺、結婚詐欺、性犯罪などさまざまな問題が報じられ、公の組織がその問題解決に多大な時間と労力を使っています。

でも、子どもが無条件に愛されていると感じ、条件付きでない自尊心が育ち、幸せであれば、これらの問題は解決するか問題でさえなくなるでしょう。

そのためにできることを、これからもやっていきたいと思います。できれば、小学校からウェルビーイング教育ができるといいですし、妊婦健診で、支援的な子育てについて学ぶような機会ができるといいですね。

幸せを増やすためにできることは、たくさんありますよ。

おわりに

母子家庭で育ち、中卒で大検を取り、朝晩アルバイトをして貯めた200万円で、英語もまったくできない、知り合いもいないままニューヨークに渡ったのは、約20年前のことです。

そこで、猛烈に勉強し、首席で大学を卒業し、大学院で学び、臨床心理士の資格を取り、仕事をしながら公衆衛生学の博士課程に進みました。カウンセリングルームの予約はいつもいっぱいで、教える心理学のクラスも抽選になるほどの人気でした。

なんでも頑張ればできると思っていた私が、もう立ち上がれないほどの挫折をしたのが子育てです。これまでの人生でいちばん大変な、でもいちばん大切な仕事だったと思います。

辛かったのは、思い通りにならなかったからです。人は生き物なので、努力してコントロールすればうまくいくというものではありません。子育てをそれまでの物事と同じように、自分個人で、スキルや努力に頼って取り組んでしまったのが大きな間違いでした。私の犯した間違いは、子どもたちに大きな傷を残したかもしれない。でも、謝罪して、前を向いて歩くしかないのです。

ここに載せた理論やスキルは、その中で少しでも子どもたちの幸せを願い、学び、実践し、伝え、そしてたくさんの方々の役に立ったものをまとめたものです。思い起こしてみると、私が最初からできていたのは、スキンシップを多くとることと、愛しているとストレートに伝えることくらいでした。

あとは、なにか変だと気づき、学び、実践し、より深く理解し……を繰り返してきた、いわば私の失敗の集大成でもあります。まだまだできていないことがたくさんありますが、子育ては、努力より工夫、そしてつながりのあるコミュニティの中でです。

私はこの本に**役立つことを書いたつもりですが、正しいことを書いたわけではありません。正解はどこかに一つあるものでなく、それぞれの中にあるものです。**

心理学の研究でも、時代によって正しいと考えられることは変わっていきます。自尊心が大切だ、やっぱり自己効力感だ、たくさんほめよう、ほめたらだめだ、報酬を与えよう、報酬はだめだ、というように。また何年かすると、今信じられていることと違うことが提唱されるかもしれません。

また、どの研究にも参加者の偏りというものがあるし、あくまで平均を見ているのにも問題があります。アメリカの研究の多くは、大学1年生を対象にしたものでした。それがそのまま日本人家庭に当てはまるわけではないでしょう。

お子さんをいちばん身近で見ているのは親です。そんなにエビデンスがあるならやってみるか、という感じで試してみて、観察しながらそれぞれの家庭に合うものを選んで取り入れてください。

最後になりましたが、私の講座に参加していただき、役に立ったからと、編集者を紹介してくださった鮫川佳那子さん、なんの実績もない私を信じて、書きたいことを深く理解してくださった編集者の大石聡子さん、私の夢を叶える支援をしてくださったこと、感謝してもしきれません。

5年前、ニューヨークのある幼稚園の屋根裏部屋で、私の主催する初めての子育て講座に出席してくださり、今でも応援してくださっているみなさま——

依頼が増えて対応できなくなり、ファシリテーター養成を始めたときに勇気を持って挑戦してくださったニューヨークのファシリテーターのみなさま——

日本で協会を立ち上げたとき、何もわからないのに私たちを信じて集まってくださった、好奇心の強いウェルビーイング心理教育ナビゲーターのみなさま——

ニューヨーク、日本、オンラインの講座を受講してくださっているたくさんのみなさま——

メールマガジンを読んでくださり、返信をしてくださるみなさま——

出版を心待ちにし、イベントやパーティを企画してくださったみなさま——

こころから感謝しています。

そして、女手一つで私たち4人を育ててくれた母、離れて住んでいる間も「かわいいかわいいいありちゃんへ」から始まる手紙は「愛しているよ！」で締めくくられ、困難な状況でも、いちばん大切な愛情がたっぷりと伝わりました。

アメリカに留学するときに応援してくれた兄弟、親戚、学校の先生方、友達——みなさまに感謝します。

最後の最後に、「お互いのウェルビーイングを応援するのが愛だよね」と言い、喧嘩もするけどいつも私の夢を応援してくれる夫、仕事が大好きで忙しいママで寂しいと思うけれど、楽しく優しく健やかに育ってくれて、毎日ハグやキスをたくさんくれる愛してやまない子どもたち、私の元に生まれてきてくれて本当にありがとう。

少しでも幸せな家族が増えることを願って。

〈主な参考文献〉

書籍

エドワード・デシ、リチャード・フラスト『人を伸ばす力』新曜社

キャロル・S・ドウェック『マインドセット～「やればできる！」の研究』草思社

クリスティーン・ネフ『セルフ・コンパッション』金剛出版

ケリー・マクゴニガル『スタンフォードの自分を変える教室』大和書房

ゲーリー・チャップマン『愛を伝える５つの方法』いのちのことば社

ソニア・リュボミアスキー『幸せがずっと続く12の行動習慣』日本実業出版社

ダニエル・ピンク『モチベーション3.0 持続する「やる気！」をいかに引き出すか』講談社

バーバラ・フレドリクソン『ポジティブな人だけがうまくいく３：１の法則』日本実業出版社

前野隆司『幸せのメカニズム 実践・幸福学入門』講談社

リー・ウォーターズ『ストレングススイッチ』光文社

Rathus,S.(2013)『Psychology Concepts and Connections』(Wadsworth)

研究論文

西村和雄・八木匡『子育てのあり方と倫理観、幸福感、所得形成ー日本における実証研究』2016年

西村和雄・八木匡『幸福感と自己決定ー日本における実証研究』2018年

Baumeister,et al. "Does higher self-eeteem cause better performance, interpersonal success, happiness or healthier lifestyles?" Psychological Science in Public Interest. 2013

Ciciolla & Luthar, et al. "When mothers and fathers are seen as disproportionately valuing achievements: Implications for adjustment among upper middle class youth" Journal of Yourh Adolescent, May 2017.

Fowler & Christakis, "Dynamic spread of happiness in a laefge social network: longitudinal analysis over 20 years in the Framingham heart study." British Medical Journal, BMJ, September 2008.

Gable, Gonzagand & Strachman "Will You Be There for Me When Things Go Right? Supportive Responses to Positive Event Disclosures." Journal of Personality and Social Psychology 2006

Luthar & Ciciolla "Who mothers mommy? Factors that contribute mother's wellbeing." Developmental Psychology, 2015

松村亜里（まつむら あり）
ニューヨークライフバランス研究所　代表
母子家庭で育ち中卒で大検をとり、朝晩働いて貯金をしてニューヨーク市立大学入学。首席で卒業後、コロンビア大学大学院修士課程（臨床心理学）、秋田大学大学院医学系研究科博士課程（公衆衛生学）修了。医学博士・臨床心理士・認定ポジティブ心理学プラクティショナー。

ニューヨーク市立大学、国際教養大学でカウンセリングと心理学講義を 10 年以上担当し、2013 年からニューヨークで始めた異文化子育て心理学講座が好評で州各地に拡大。ニューヨークライフバランス研究所を設立してポジティブ心理学を広めている。幸せを自分でつくり出す人を増やすために、エビデンスに基づいた理論とスキルを紹介し、実践に落とし込む講座を展開。世界中の親に向けて 2018 年に開設した「世界に通用する子どもの育て方オンライン講座」が好評で書籍となる。ポジティブ心理学を人生に活かす「Ari's Academia」ビジネスや仕事に活かす「Ari's Academia for Professionals」、2つのオンラインサロンも開催中。
HP lifebalaneny.org

世界に通用する子どもの育て方

2019 年 3 月 20 日　第 1 版第 1 刷発行
2022 年 11 月 30 日　　　　第 4 刷発行

著　者　松村亜里
発行所　ＷＡＶＥ出版
〒 102-0074　東京都千代田区九段南 3-9-12
TEL 03-3261-3713　FAX 03-3261-3823
振替 00100-7-366376
E-mail: info@wave-publishers.co.jp
http://www.wave-publishers.co.jp

印刷・製本　萩原印刷

NDC599 239p 19cm
ISBN978-4-86621-204-3